udson
Bai
RIKA
Atlantischer Ozean
Mexiko
Karibisches
Stobbe

Der rote Sturm

Fritz Steuben

Der rote Sturm

Alten Quellen nacherzählt

Franckh'sche Verlagshandlung
Stuttgart

Schutzumschlag von Aiga Rasch
Vorsatzzeichnung von Manfred Stobbe

Dieses Buch erschien als Einzelband unter demselben Titel in 16 Auflagen (1.–122. Tausend) sowie zusammen mit drei weiteren Erzählungen des Autors in dem Großband „Tecumseh – Strahlender Stern“ (123.–150. Tausend).
Übersetzungen dieses Buches sind erschienen in Frankreich, Holland, Norwegen, Jugoslawien (slowenisch) und in der Tschechoslowakei.

CIP-Kurztitelaufnahme der Deutschen Biliothek

Steuben, Fritz
Der rote Sturm: alten Quellen nacherzählt. – 19. Aufl. 151.–158. Tsd. – Stuttgart: Franckh, 1977.
17. u. 18. Aufl. in: Steuben, Fritz: Tecumseh, Strahlender Stern.
ISBN 3–440–04357–6

19. Auflage / 151.–158. Tausend dieser Erzählung
Franckh'sche Verlagshandlung, W. Keller & Co., Stuttgart/1977

LH 9–EI
ISBN 3–440–04357–6 / Printed in Czechoslovakia / Imprimé en Tchécoslovaquie
Gesamtherstellung: Artia, Prag

Der rote Sturm

Einleitung

Stellt euch Europa vor, wie es etwa zur Zeit des Arminius aussah, ein Land voller Urwälder, Sümpfe und Steppen, nur in Portugal und Spanien mögen an der Küste ein paar zivilisierte Weiße wohnen. Und dann stellt euch vor, daß sich die Entwicklung Europas vom Jahre 9 n. Chr. bis heute in *hundertundsechzig Jahren* vollzogen hätte, daß sich ganz plötzlich ein ungeheurer, endloser Einwandererstrom über die ganze Breite des Landes ergießt, daß innerhalb von 120 bis 160 Jahren ganz Europa mit Straßen, Eisenbahnen, Fabriken, Wolkenkratzern, Riesenstädten bedeckt würde, daß Wälder auf Strecken so groß wie Württemberg oder Bayern so gut wie ganz verschwänden, daß die Prärien sich in Getreidefelder, die Gebirge in Erz- und Kohlengruben, die Steppen in Petroleumfelder, die über die Ebenen dahinziehenden Wild- und Pferdescharen in Dampfpflüge, Automobile und Mähmaschinen verwandeln – dann habt ihr ungefähr ein Bild von dem, was sich in Nordamerika abgespielt hat.
Es ist kein Wunder, daß einer derartigen wirtschaftlichen Entwicklung viel Brutalität, viel, unnötig viel Roheit zugrunde liegt. Wer in erster Linie nach Geld und Macht jagt, kennt nicht viel menschliche Rücksicht, das ist überall so in der Welt, und wenn ihr jetzt die Erzählung »Der rote Sturm« lesen werdet, so werdet ihr einen kleinen Begriff von diesen Dingen bekommen.
»Der rote Sturm« spielt in einem Lande, das damals, im Jahre 1774, so ziemlich frei von Weißen und nur von ein paar tausend Indianern bewohnt war. 25 Jahre später gab es kaum noch einen Indianer dort (in Kentucky über-

haupt keinen mehr), dafür aber mehrere hunderttausend Weiße. Die sinnlosen Wildschlächtereien, die aus rücksichtsloser Gier nach wertvollen Pelzen entstanden, hatten den Indianern den Lebensunterhalt genommen, und was der Hunger nicht vollbrachte, das vollendete die Büchse des Grenzers und der Alkohol, den die Naturkinder nicht kannten.

Aber die Indianer haben sich gewehrt; wie – das werdet ihr selbst lesen.

Und noch eins: *Alle Indianer, die in dieser Erzählung erwähnt sind, haben wirklich um jene Zeit gelebt.* Ihr Charakter ist im »roten Sturm« geschichtlich getreu wiedergegeben, Cornstalk war wirklich der friedfertige, dann im Kriege aber der unerbittliche und große Anführer seines Volkes. Auch Logan ist historisch getreu dargestellt; sein Schicksal hat sich genau so abgespielt, wie ich es schildere. Lord Dunmore, Daniel Boon, Simon und James Girty – sie alle sind historische Personen genau so wie der verräterische Schankwirt Greathouse; er hat den Mord an Logans Angehörigen wirklich vollbracht. Auch die große Waldschlacht, das Ende des Krieges und alles weitere ist genau den historischen Ereignissen nachgezeichnet. Die Zeit der Grenzkämpfe mit den Indianern war so reich an unglaublichen Abenteuern, an stolzen und verräterischen Charakteren hüben und drüben, daß der Erzähler nur nötig hat, den wirklichen Ereignissen nachzugehen und sie ausmalend wiederzugeben.

Wer das Wesen und Werden der Vereinigten Staaten von Nordamerika verstehen will, muß auch die Entstehung dieser größten Macht der Gegenwart kennen; und damals, in der schauerlichen und großartigen Zeit der Indianerkämpfe, des Vormarsches in den Kontinent, des Unabhängigkeitskrieges gegen England sind die Grundlagen zum heutigen Amerika gelegt worden.

Fritz Steuben

Hauptpersonen der Erzählung

Cornstalk (d. h. »Maisstengel«), Oberhäuptling der Shawanos (engl. Shawnees)

Cata-he-cassa (Schwarzer Huf) | *Bluejacket* (Blaujacke) | *James Girty*, ein Weißer, bei den Shawanos »Die Schwarze Schlange« genannt – Häuptlinge der Shawanos

Tecumseh (»Der zum Sprung sich duckende Berglöwe«), ein Shawano; er führte auch den Kriegsnamen »Der Fliegende Pfeil«

Ten-squa-ta-wa (»Die Offene Tür«), Tecumsehs Bruder

Ta-ga-ju-tah (»Der Späher«), engl. John Logan, Häuptling der Cayuga, die zum Volke der Irokesen gehörten

Bukongahelas, der Oberhäuptling der Lenni Lenape (Delawaren)

Friedrich Wagner, ein deutscher Bauer und Pferdezüchter, von den Indianern »Das Gelbe Haar« genannt

Hinnerk, sein jüngerer Bruder

Daniel Boon, von Lord Dummore zum Colonel (Oberst) ernannt, der berühmteste Waldläufer seiner Zeit, von den Indianern »Die Lange Büchse« genannt, das historische Vorbild des Cooperschen Lederstrumpf

Greathouse, ein Schankwirt und Händler

Bob Leighton, Waldläufer und Jäger

Lord Dunmore, der englische Gouverneur

Simon Girty, ein Kundschafter und Händler

Die Erzählung spielt kurz vor dem ersten amerikanischen Freiheitskriege.

Zum Verständnis der Lage:

Die Shawanos sind durch ihren Oberhäuptling Cornstalk die Führer in einem losen Bunde, der aus den Lenni Lenape oder Delawaren, Huronen oder Wendat, Miamis und den Shawanos selbst besteht. Die Shawanos haben insgesamt etwa 1200–1500 Krieger, die Lenni Lenape 2500, die Huronen 200, die Miamis 4000–5000. Die Gesamtstärke jedes Stammes ist etwa vier- bis sechsmal so groß wie diese Zahlen.

Hinnerk Wagner setzte sich zu seinem Bruder auf die rohe Bank vor dem Blockhaus. Er betrachete den Älteren mit einem besorgten Blick: was sollte werden, wenn der Knabe starb? Was hatten die beiden letzten Tage aus dem sonst immer so frohen, starken Mann gemacht!
»Fritz, nun rede ich schon so lange auf dich ein und du antwortest mir nicht. Hast du überhaupt gehört, was ich sagte?« Er packte ihn an der Schulter und rüttelte ihn derb: »Fritz, du mußt mir zuhören! Wir müssen Entschlüsse fassen!«
Der andere sah gequält auf, als wollte er sagen: was geht das alles mich an?
»Fritz, Boon war unten im Dorf. Danny Boon, der alte Lederstrumpf. Er sagte, wir sollten vorsichtig sein. Die Lenape sind unruhig ...«
Als sein Bruder den Namen des berühmten Jägers nannte, schien für einen Augenblick Feuer in die Augen Friedrich Wagners zu kommen; er sah auf: wie oft hatte er sich gewünscht, diesen Mann zu sehen und zu sprechen! Aber gleich erlosch der Blick wieder, und müde sagte er nur, indem er den Kopf wieder sinken ließ: »So ist auch Boon ein Schwätzer geworden.«
»Fritz, was soll das? Du weißt, daß das nicht wahr ist. Boon ist der ruhigste Mann an der Grenze.«
»Die Lenape hören auf Cornstalk. Und Cornstalk hält die Verträge.«
Hinnerk Wagner fuhr sich mit beiden Händen aufgeregt durch sein blondes Haar. Dann schlug er die Faust auf den Tisch.

»Fritz, Mann Gottes, aber *wir* halten sie nicht, das weißt du so gut wie ich. Hast *du* nicht gerade immer davor gewarnt, gegen den Vertrag mit Cornstalk zu handeln und am Ohio zu siedeln oder gar nach Kentucky zu gehen? Und jetzt tust du, als weißt du von nichts? Es stehen viele neue Blockhäuser am Schönen Fluß*. Und auch ins Grüne Rohr, in Kentucky, sind sie eingebrochen. Boon hat sie ja geführt – er berichtet Wunderdinge von Kentucky, Fritz. Da sind die Jagdgründe der Shawanos, davon leben sie, du weißt es so gut wie ich. Und der Vertrag lautet, daß kein Weißer dorthin gehen darf. Sie sind doch hingegangen. – Niemals wird Cornstalk diese Länder opfern.«

»Boon soll sie doch sogar gekauft haben«, sagte müde der Ältere, der mit vorgebeugtem Oberkörper, die Ellbogen auf den Knien und den Kopf in beide Hände gestützt, regungslos dasaß, kaum daß er die Lippen bewegte.

Der andere sprang auf.

»Das nennst du gekauft! Ein schönes Stück, ich hätte es Boon nicht zugetraut – aber so ist es, der Indianer ist rechtlos. Erst wird er betrogen, und wenn er sich dann wehrt, dann ist er der Friedensbrecher.

Boon geht hin und kauft Kentucky von den Tschirokis, die auf das Land gerade soviel Anspruch haben wie die Irokesen auf Kanada; von den Tschirokis, die südlich in den Bergen wohnen und alle Jubeljahre mal einen Skalpzug nach Kentucky machen! Und warum tat er's? Nur, damit er sagen kann, er habe doch das Land gekauft! Er wußte ganz genau, daß die Shawanos ihm das Land niemals verkauft hätten. Das war ein schlechter Streich, er paßt nicht zu Boon – aber so sind sie alle, auch die besten, wenn es sich um die Indianer handelt. Niemals wird Cornstalk jetzt Ruhe halten.«

»Recht hast du«, sagte nun in müdem Ton »Das Gelbe Haar«, wie Friedrich Wagner seit einigen Jahren von den

* So heiß der Ohio damals bei den Kolonisten

Indianern und auch von vielen weißen Ansiedlern genannt wurde; »aber ich kämpfe nicht gegen die Roten. Ich werde nie gegen sie kämpfen. Die Lenape, die Shawanos sind meine Freunde, weil ich ihnen für ihr Pelzwerk gerechte Preise zahle, weil ich ihnen auch noch niemals schlechte Waren verkauft habe. Und Logan ist mein Bruder.«

Friedrich Wagner sah elend aus, in den Augen stand die bleiche Angst, als er jetzt endlich einmal aufblickte, sein Haar war wirr, sein Anzug unordentlich. Er hörte mitten in seiner Rede auf und horchte in das Innere des kleinen Blockhauses hinein, vor dessen Tür sie saßen. Nichts rührte sich dort.

Die Brüder schwiegen; Hinnerk sah ein, daß sein Ablenkungsversuch nichts genützt hatte, daß der Bruder wieder an seinen kranken Jungen dachte, der dort in dem verdunkelten Hause mit dem Tode rang. Friedrich saß ohne Bewegung, nur von Zeit zu Zeit zitterte er, als ob ihn friere, und doch brannte die Sonne erbarmungslos vom blauen Himmel herab, es war Mittagszeit und sehr still. Die heiße Stunde lastete auf der Natur, die Luft flimmerte über den wild, bunt und üppig blühenden Blumen der Lichtung; träge schaukelten Schmetterlinge über ihnen, summte eine Hummel vorüber.

Die Pferde drüben in der Einzäunung stampften im Schatten der Bäume, wenn die Fliegen sie zu sehr plagten; ein paar Hühner schliefen im sonnenbestrahlten Sande.

Friedrich Wagner fühlte sich plötzlich am Knie berührt. Er blickte auf: vor ihm stand Tyras, der große Hund. Er hatte einen kleinen Gegenstand im Maul und sah leise winselnd mit klugen Augen zu seinem Herrn auf. Da er sich beachtet fand, legte er das, was er da herangebracht hatte, zu Füßen des deutschen Bauern nieder, hob den Kopf und jaulte in langgezogenen Tönen, lange und laut. Dann trottete er zur Tür, legte sich dort auf die Erde und sah in das Haus hinein.

Wagner hob auf, was der Hund vor ihn hingelegt hatte.

Dann stöhnte er auf. »Das hat Logan ihm gebracht, vor zehn Tagen. Er hat ihm diese Mokassins selber gemacht, er hat sie auch selbst mit diesen Borsten bestickt. So schön und klein.«
Hinnerk sprang auf: »Ich halte das nicht mehr aus, dieses Warten, diese Verzweiflung. Friedrich, raffe dich auf, sei ein Mann! Wir müssen alle einmal sterben.«
Der Bruder hatte ihn gar nicht gehört. Mit verlöschender Stimme flüsterte er: »So schön bestickt, Fritzel hat so große Freude daran gehabt – –«.
Und dann sagte er, ohne aufzublicken, fast noch leiser: »Hinnerk, ich bitte dich, suche ihn noch einmal. Bring ihn her, du mußt ihn finden. Nimm ein Pferd, reite in den Wald, geh, ich bitte dich, Hinnerk . . .«
Er formte die Worte mit unbeholfenem Munde, ganz langsam. Und dann sah er auf und sah seinen Bruder an, mit einer Verzweiflung, die gerade starke und große Männer überfällt, wenn sie plötzlich mit all ihrer Kraft nichts anfangen können.
Hinnerk preßte die Lippen zusammen. Dann stürzte er davon. »Ich bringe ihn her, ich komme nicht eher wieder, als bis ich ihn gefunden habe.«
Aber er kehrte noch einmal um.
»Fritz, im Dorf unten wissen sie Bescheid; sie schicken ihn her, sobald er sich zeigt. In seinem Wigwam ließ ich auch Nachricht. Aber kann er denn helfen? Ich werde ihn suchen, Fritz; aber kann er wirklich helfen?«
»Wenn ein Mensch ihn noch retten kann, so kann es Logan«, sagte tonlos der Angeredete.
An der Tür war ein Geräusch; Hinnerk sah auf: Dort stand die Mutter des kranken Kindes. Sie hielt sich an dem einen Pfosten, den Kopf dagegen gesenkt. Tränen liefen ihr über die Wangen, so stand sie blaß und ohne Laut. Hinnerk ging auf sie zu und führte sie zu der Bank, sie ließ sich kraftlos darauf nieder und lehnte sich an ihren Mann. »Ich kann nicht mehr leben, Fritz . . .« flüsterte sie.

So saßen die beiden in der brennenden Sonne. Der Bruder war fortgeritten, den roten Freund zu suchen. Friedrich Wagner drehte den kleinen Kinderschuh in der Hand, ein wehmütiges, verlorenes Lächeln auf den Lippen.
Die Zeit stand still. Die beiden Eltern in ihrer Not hatten kein Wort füreinander. Sie schwiegen sich beide in eine leere Einsamkeit hinein. Der Kranke drinnen rührte sich. Nur die Mutter hörte es; sie stand auf, ging hinein und kniete an dem kleinen, armen Lager nieder.
Wagner hatte ihr Fortgehen nicht bemerkt; er hielt den kleinen Mokassin in beiden Händen und flüsterte nur von Zeit zu Zeit: »Er hatte so viel Freude dran ...«
Sie hatten alles getan, was in ihrer Kraft stand, um das Kind zu retten, das unvermutet, ohne einen erkennbaren Grund in hohes Fieber gefallen war. Wie konnten sie wissen, daß sie gerade das Gegenteil von dem getan hatten, was richtig gewesen wäre! Was wußte man damals von feuchten Umschlägen, von heißem Tee oder heißer Milch ... Sie hatten dem Kinde alle Getränke entzogen, wie das damals die ärztliche Wissenschaft vorschrieb — — aber das Fieber war gestiegen und gestiegen. Zuerst hatte der Knabe gestöhnt und gewimmert, aber jetzt tat er auch das nicht mehr. Er lag ermattet, fast ohne sich zu rühren, mit glanzlosen Augen da, und die geängstigten Eltern sahen die Widerstandsfähigkeit des kleinen Körpers dahinschwinden, ohne ihrem Kinde helfen zu können. Sie mußten warten und hoffen.
Die nächste Ansiedlung war eineinhalb Stunden entfernt, dort und meilenweit in der Umgebung gab es keinen Arzt, zudem waren die meisten Ärzte an der Grenze Pfuscher. Nur einer hätte helfen können — doch dieser war gerade jetzt, wo man ihn brauchte, nicht zu finden.
Das zweck- und ziellose Warten hatte den starken, tatkräftigen Bauern entmutigt. Und so saß er da, die Arme auf seine Knie gestützt, und blickte mit ausdruckslosen Augen vor sich hin. Er wagte nicht mehr zu hoffen.

Tyras, der Hofhund, der, den Kopf auf den Vorderfüßen, vor der Türe des Hauses lag und von Zeit zu Zeit leise winselte, richtete plötzlich die Ohren auf, erhob die Nase und prüfte den Wind. Dann sprang er mit einem kurzen Bellen auf und lief um die Ecke des Hauses davon.

Wagner achtete nicht darauf.

Nach einiger Zeit knirschte der Sand von leisen, fast unhörbaren Tritten. Ein Schatten fiel auf die Erde, vor den dumpf brütenden Mann auf der Bank.

Ein prachtvoll gewachsener, sechs Fuß großer Indianer stand, den Kolben seiner Büchse vor sich auf dem Boden, vor dem Weißen und sah ernst auf ihn herab. Sein Haar war kurz geschoren, nur im Wirbel stand die Skalplocke noch, durchflochten von einem schmalen, rot gefärbten Lederband, ohne jeden sonstigen Schmuck. Der Oberkörper war völlig nackt, im übrigen bestand seine Kleidung aus Gürtel, Lederhose und Mokassins. Im Gürtel staken zwei Messer. Um die Schulter trug er Kugelbeutel und Pulverhorn.

Das kluge, verschlossene Gesicht des Roten war durch keinerlei Bemalung verunstaltet; die gewölbte Stirn verriet hohen Verstand, die große, kühn gebogene Nase ein leidenschaftliches Temperament und das eckig vorspringende Kinn starke Willenskraft. Er blickte jetzt mit seinen dunklen Augen ruhig und forschend um sich, sah den Hund an, der mit ihm zurückgekommen war und dastand, als wolle er ihn ins Haus ziehen; der Indianer blickte zur Tür hinein, horchte aufmerksam, und plötzlich zuckte er leise zusammen: er hatte das leise Wimmern einer Kinderstimme aus dem Hause vernommen. Mit tiefer Stimme fragte er in gutem Englisch:

»Was ist geschehen, daß du dein Antlitz verloren hast, mein Bruder?«

Aus dem Hause kam der leise Aufschrei einer Frauenstimme. Wagner fuhr von seinem Sitz auf: »Logan!« riefen sie beide wie aus einem Munde. Wagner faßte den Indianer bei beiden Schultern: »Logan!« rief er noch einmal, fast brüllte er es, vom Schmerz überwältigt und doch schon voll durchbrechender Hoffnung. Dann riß er ihn in das Haus hinein, an das Krankenlager seines Jungen.

Der Häuptling machte sich frei, beugte sich über das Kind und legte ihm die Hand auf die Stirn. Er erschrak; die Eltern sahen es trotz der Dunkelheit des Raumes. Der Bauer sagte mit gehetzter Stimme:

»Seit zwei Tagen ist er krank. Er ist immer schon so heiß; erst hat er gewimmert und geschrien, jetzt sagt er gar nichts mehr . . .«

Er wollte noch etwas hinzufügen, aber er unterdrückte es.

Logan hielt noch immer die Hand auf der Stirn des Kindes. Er dachte nach. Dann aber, nach einem plötzlichen Entschluß, kam Bewegung in ihn; er sah sich im Raume um, ergriff ein kleines Gefäß, reichte es der Frau und sagte: »Wasser kochen!« Seinem jungen Begleiter, der unbemerkt von den anderen nach ihm eingetreten war, sagte er ein paar indianische Worte, führte ihn an die Tür und deutete nach einer bestimmten Stelle des Waldes, gab noch ein paar Erläuterungen, worauf der andere davoneilte.

Logan ging ihm nach ins Freie, nahm Wagner mit, ergriff eine Axt, spaltete einige Holzblöcke in kleinere Stücke, dann sah er sich um und begann auf dem Sandplatz vor der Bank, mitten in der Sonne, alle Vorbereitungen zu einem großen Holzfeuer zu treffen.

Das alles tat er mit rasender Eile, und der deutsche Bauer half ihm, wenn auch noch ohne zu verstehen. »Steine!« rief Logan, als der Holzstoß geschichtet war, deutete auf einige große Feldsteine, die der Weiße sofort heranholte und auf des Indianers Weisung auf den Holzstoß legte. Der hatte inzwischen Feuer vom Herde geholt und das Holz in Brand gesteckt.

Da kam auch schon der junger Indianer mit einem Büschel frischer Kräuter aus dem nahen Wald zurück. Er hatte ihren Standort nach den Worten Logans schnell gefunden. Der Häuptling warf sie nach genauer Prüfung jedes einzelnen Blattes in das kochende Wasser, das schon auf dem Herde brodelte.

Dann arbeiteten die drei Männer an einem Rost aus dünnen, grünen Baumstämmen, der dicht neben dem Holzfeuer auf vier schnell eingeschlagenen Pfählen befestigt wurde. Nun rammten sie einige dünne, lange Stangen im Kreis um den Rost in die Erde, beugten die oberen Enden gegeneinander, verbanden sie mit Lederriemen und legten auf das so entstandene Spitzgestell einige der Büffelhäute, die Wagner von den Indianern in großer Zahl einzuhandeln pflegte. Alle Zwischenräume und Löcher wurden noch besonders mit Decken verschlossen, so daß kein Luftzug in das Innere dieses Zeltes hineindringen konnte.

Obwohl Wagner noch immer nicht recht wußte, was Logan beabsichtigte, so hatte doch sein zielbewußtes Handeln neue Zuversicht in ihm hervorgerufen. Mit hoffnungsvollen Augen betrachtete er den Häuptling, der nun in das Haus hineinging und den Kräutertee prüfte, zu dem sein Gefährte vorhin die Blätter geholt hatte. Er kühlte ihn in zwei Trinkgefäßen ein wenig ab und flößte dann dem halb bewußtlosen Kinde, das die Mutter ein wenig aufrichtete, mit unendlicher Geduld und Vorsicht einen ganzen Trinkbecher davon ein.

Erschrocken wollten Wagner und seine Frau ihn davon abhalten, da er gerade das Falscheste tat, was ihrer Meinung nach möglich war. Wer hatte je davon gehört, daß einem Fieberkranken ein Getränk gegeben wurde ... Aber der Irokese wandte sich an die Mutter und sagte mit tiefer Stimme, sie ernst anblickend: »Meine Schwester, habe Vertrauen zu Ta-gu-ju-tah!« Es lag so viel zwingende Gewalt in dem Ton seiner Worte, noch mehr im Blick seiner Augen, daß die Mutter stumm nachgab. Und auch Wagner ließ den Freund, wenn auch mit angstvoller Miene, nunmehr gewähren. Er ging hinaus und half dem Gefährten Logans, einige große Gefäße mit Wasser zu füllen und sie neben das Zelt zu stellen.

Logan hüllte das Kind in Decken, nahm es auf den Arm und trug es schnell in das Zelt, das er sofort wieder hinter sich schloß. Dort legte er es auf den Holzrost; Tecumseh – so hieß sein junger Begleiter – hatte in der Zwischenzeit eine etwa eineinhalb Fuß tiefe Erdrinne von dem brennenden Holzstoß bis unter den Rost im Zelte gezogen. Jetzt rollte er einige der glühendheißen Steine aus dem Feuer in die Rinne, auf deren Boden zwei grüne, lange Baumstämmchen lagen. Diese faßte er an dem einen Ende an, hob sie ein wenig in die Höhe, und nun rollten die Steine auf dieser Gleitbahn unter der Zeltwand hindurch in das Innere. Logan goß Wasser darüber, das sofort zischend verdampfte. Der heiße, feuchte Qualm erfüllte bald die kleine Hütte, aus der er nicht entweichen konnte.

Wieder wollten die Eltern eingreifen, aber sie bezwangen sich. Das sichere, Vertrauen erweckende Auftreten des Irokesen, die bedingungslose Unterordnung Tecumsehs, der offenbar alle diese Maßnahmen stillschweigend guthieß, ließen sie hoffen.

Der Häuptling beabsichtigte, den Kranken durch heißen Tee und Wasserdampf zum Schwitzen zu bringen und das Fieber auf diese Weise zu brechen. Wagner und seine Frau schleppten jetzt, wie um ihre Angst und ihre Bedenken zu betäuben, immer wieder neues Wasser aus dem nahen Bach, legten Holz auf das Feuer, rollten heiße Steine ins Zelt und nahmen die herausrollenden wieder in Empfang. Dazwischen mußte neues Holz gespalten, die Lücken im Zelt immer wieder abgedichtet werden. Tecumseh half nach Kräften, immer stärker quoll der heiße Dampf aus allen Ritzen zum Zelte heraus*. Logan hielt das Kind auf dem Roste fest. Immer wieder rief er: »Mehr Steine! Mehr Wasser!«

So kämpften sie in der glühenden Sonne schweigend um das junge Leben.

Nach einiger Zeit hörten sie dumpfe Melodien aus dem Inneren der Fellhütte, Logan sang indianische Beschwörungen; dazu tönten die Laute einer Zauberrassel, die der Häuptling ununterbrochen schwang. Logan war viel zu klug, als daß er geglaubt hätte, solche Beschwörungen hätten einen Einfluß auf die Krankheit. Er wollte mit seinem Gesang und mit dem Klappern der Rassel den Kranken beruhigen, und einen anderen Sinn haben ja auch alle die Beschwörungen der indianischen Zauberer nicht, die von Unkundigen so oft als Mumpitz verschrien worden sind.

Nach fast einer halben Stunde gab Logan einige neue Anweisungen. Bald darauf stieß er die Decke am Eingang beiseite und eilte, den Knaben auf dem Arm, in das Haus zurück. Hier wurde er mit bereitgehaltenen, erwärmten Decken abgerieben und dann warm zugedeckt auf sein Lager gelegt. Das Kind, das in den Stunden vorher keinen Laut mehr von sich gegeben, hatte zuletzt in der Hütte gewimmert und sogar geschrien; jetzt schlief es sofort ein. Nach wenigen Minuten brach der Schweiß, den schon das Schwitzbad im Zellte hatte hervorbrechen lassen, erneut aus. Logan, der mit den Eltern und Tecumseh am Lager des Kleinen gewartet hatte, atmete auf. Dann sagte er herzlich:

»Der gute Geist wird uns gnädig sein. Das Kleine Blaue Auge

* Heute würde man das ein russisch-römisches Schwitzbad nennen, aber damals, im achtzehnten Jahrhundert, war die Heilkraft solcher Bäder den Weißen velorengegangen. Die Indianer aber, die auf einer viel höheren Kulturstufe standen, als es eine am Gegenteil interessierte Geschichtsschreibung lange Zeit hindurch wollte, wandten dieses Mittel nicht nur bei schon entstandenen Krankheiten an; in allen Dörfern gab es Badehütten, die regelmäßig auch von den Gesunden aufgesucht wurden. Dieser Brauch, wie überhaupt die große Reinlichkeit aller nördlichen Indianer, haben vermutlich kein geringes Verdienst daran, daß ihre Stämme von Krankheiten fast ganz verschont blieben, bis – die Weißen kamen.

muß jetzt schlafen, mein Bruder. Wenn es aufwacht, wird die Krankheit von ihm weichen. So hoffe ich. Legt Decken auf ihn und achtet darauf, daß sie ihn gut wärmen.«
Die junge Mutter warf sich weinend neben das Bett ihres Kindes, die ungeheure Spannung der letzten bangen Stunden begann sich zu lösen, sie hoffte wieder. Wagner aber nahm in aufwallendem Gefühl die Hand seines roten Freundes und drückte sie. Auch in seinen Augen standen Tränen.
»Ich danke dir, mein Bruder.«
Das war alles, was er sagen konnte; Wortreichtum lag so wenig in seiner Art wie in der Logans.
Die Männer gingen hinaus; Logan trat mit erhobenen Armen der Sonne entgegen, die sich jetzt allmählich tiefer senkte, schloß die Augen und sprach mit feierlichem Ernst indianische Worte an den guten Geist der roten Kinder. Er bat um das Leben des kranken Knaben. Aus seiner Rede wurde ein mit tiefer, dunkler Stimme vorgetragener, eintöniger, leiser Gesang. Die beiden anderen verharrten schweigend. In den Augen Tecumsehs, der an Wuchs dem Häuptling gleichkam, ihm an Kraft nachstand, aber an Gewandtheit übertraf, glühte eine düstere, verehrungsvolle Liebe zu Logan auf, an seinem Gesang aber wagte er sich nicht zu beteiligen. Bescheiden stand er, auf seine lange Büchse gestützt, einige Schritte hinter ihm, gesenkten Hauptes, so daß sein langes, schwarzes Haar ihm vorn über die Schultern fiel. Nach Art seines Stammes, der Shawanos, trug er den Kopf nur vorn bis zu einer Linie von Ohr zu Ohr geschoren.
Wagner saß, den Rücken gegen die Wand seines Hauses gelehnt, wieder auf der Bank.
Als der Häuptling geendet hatte, ließ er sich vor seinem weißen Freunde auf die Erde nieder, nahm seine lange, kunstvoll geschnitzte und verzierte Pfeife, die er an einem Bande um den Hals trug, und begann wortlos zu rauchen. Tecumseh setzte sich in geringer Entfernung hinter ihm auf den Boden; niemals wäre es ihm in den Sinn gekom-

men, in Gegenwart anderer die Sitte zu durchbrechen, die dem Jüngeren strengste Ehrerbietung, Unterwerfung, Bescheidenheit und Schweigen vorschrieb, wenn er sich in Gesellschaft eines älteren Mannes befand. Nicht nur in dieser Beziehung unterschieden sich die streng erzogenen, dabei jedoch heiter und gelasse wirkenden jungen indianischen Männer höchst vorteihaft von ihren »zivilisierten« Altersgenossen bei den weißen Grenzern. Tecumseh rauchte nicht, auch das wäre gegen sein Empfinden gegangen; und doch war der »zum Sprung sich duckende Berglöwe«, wie sein Name im Indianischen lautete, damals schon in seinem vierundzwanzigsten Lebensjahr!

So saßen die drei Männer in dem ruhigen Schweigen, das nur unter langjährigen Freunden möglich ist, und hingen ihren Gedanken nach. Von dem Deutschen war schon durch die anstrengende Arbeit der letzten Stunde die hoffnungslose Schwermut gewichen; nach den Worten Logans am Bette des Kindes begann er jetzt wieder freudiger dreinzublicken.

Es mochte etwa eine halbe Stunde verstrichen sein, als die drei Männer- und Frauenstimmen hörten. Wagner sah auf und bemerkte am Waldrande einige Gestalten, die offenbar, solange sie im Walde gewesen waren, sich nur mit leisen Worten verständigt hatten; jetzt aber, angesichts der Blockhütte, sahen sie keine Veranlassung zur Vorsicht mehr. Der Bauer erkannte zwei Nachbarn aus der nahen Siedlung am Blauen Fluß mit ihren Frauen; sogar zwei Kinder waren dabei, Spielgefährten seines kranken Jungen und etwa im gleichen Alter wie dieser. Den dritten Mann kannte er nicht.

Friedrich Wagner stand auf und ging den Neuankömmlingen entgegen; die beiden Indianer rührten sich nicht, obwohl sie mit dem Rücken gegen die Besucher saßen. Er begrüßte die Nachbarn und die Frauen mit herzlichen Worten, strich dem Buben und dem Mädchen übers Haar und wandte sich dann dem dritten Manne zu.

»Das ist Daniel Boon, Fritz,« sagte der Schwager Konrad Wulf.
Der Bauer sah erstaunt auf: so hatte er sich den berühmten Waldläufer, der soeben von einer mehrjährigen Reise in das Land Kentucky zurückgekehrt war, trotz aller Beschreibungen nicht vorgestellt. Der Mann vor ihm war kleiner als Friedrich Wagner und von außerordentlich hagerer Gestalt; es schien fast, als bestehe er nur aus Haut und Knochen. Das Gesicht und die Hände waren derartig von der Sonne verbrannt, daß man ihn ebensogut für einen Indianer hätte halten können, wenn er nicht die Kleidung eines Weißen getragen hätte. Auch an dieser Kleidung war nichts Außergewöhnliches ebensowenig wie an dem Ausdruck seines Gesichts. Stirn, Nase, Mund, Kinn – alles saß da, wo es hingehörte, aber nichts verriet besondere Klugheit, Willenskraft oder Tapferkeit. Boon schien es gewohnt zu sein, daß man ihn so besichtigte und daß er seine neuen Bekannten enttäuschte. Seine Augen blickten nur ein ganz klein wenig spöttisch drein, als er jetzt sagte, nachdem er die Blicke Wagners einige Zeit lang gelassen ertragen hatte:
»Habe von Eurem Sprung* gehört, Gelbes Haar; wollte mir Eure langen Beine einmal ansehen. So etwas sieht Daniel Boon immer gern, meine ich. Ist zwar schon lange her, vier Jahre fast, meine ich, aber Beine sind immer wert, sie anzusehen.«
Der Sprung, auf den Boon anspielte und mit dem Friedrich Wagner sich einmal das Leben gerettet hatte, war zwar an der Grenze auch jetzt, nach so langer Zeit noch, berühmt, allerdings in erster Linie wegen der glücklichen Folgen, die er gehabt hatte. War doch damals der berühmte Vertrag zwischen Lord Dunmore, dem Gouverneur der Krone von England, und den vier Nationen der Lenni Lenape, der Wendat, der Miamis und der Shawanos

* Vgl. die Erzählung »Der Fliegende Pfeil« von Fritz Steuben.

geschlossen worden, die unter der stillschweigend anerkannten Führung des großen Shawanohäuptlings Cornstalk standen. Und dieser Vertrag hatte der Grenze vier Jahre lang Frieden mit den Indianern geschenkt – und was das bedeutete, das wußten freilich gerade die Grenzer am besten zu würdigen. Friedrich Wagner war damals das unfreiwillige Werkzeug des klug berechnenden Cornstalk gewesen; er wußte natürlich, daß Boon sofort auf diese Erlebnisse zu sprechen kam, aber die Art, mit der das geschah, war freilich geeignet, seine Worte mit einigem Mißtrauen aufzunehmen. So sagte Friedrich Wagner denn auch zurückhaltender, als es sonst seine Art war:

»Nun, nun, Colonel, lange Beine und eine lange Büchse können einem Manne immer gute Dienste leisten.«

»Laßt das ‚Colonel' fort, Herr; mache mir nichts daraus, meine ich. Aber recht habt Ihr; das mit der Büchse ist ein Wort. Eine gute Büchse und ein gutes Auge – soll ein Wort sein, Friedrich Wagner.« Und er reichte ihm die Hand, die der Bauer, von dem herzlichen Tone seiner Worte bezwungen, kräftig schüttelte.

Das Gespräch wurde plötzlich durch einige ängstliche Schreie der Kinder unterbrochen, die zur Hütte vorausgeeilt waren und nun erschrocken zurückgelaufen kamen, da sie die beiden Indianer erblickt hatten. Sie kamen mit ihren kurzen dicken Beinchen kreischend auf ihre Mutter zugelaufen, hinter der sie sich, so schnell sie konnten, angstvoll verbargen.

Logan, der das Schreien auch gehört hatte, drehte sich um, und als er die Kinder sah, flog ein Lächeln um seinen Mund, seine ernsten Züge erhellten sich. Er klopfte die Pfeife aus, stand auf, hing sie an den Gürtel und ging den Kindern nach. Als er näher kam, erkannten ihn die Kleinen, vielleicht zuerst an seinem kahlgeschorenen Irokesenkopf, denn Irokesen waren selten am Blauen Fluß. Mit ausgebreiteten Ärmchen und hellem Jauchzen liefen sie auf den Häuptling zu, und jedes Kind umklammerte lachend und strampelnd ein Bein des Indianers, den sie so an seinen Platz fesselten.

Die Weißen waren herangekommen, und Daniel Boon betrachtete die Szene mit sichtlichem Erstaunen. Der Indianer hatte den Waldläufer schon im Herannahen aufmerksam betrachtet, jetzt sagte er zurückhaltend:

»Ta-ga-ju-tah freut sich, die Lange Büchse zu sehen.« Erstaunt rief Wagner aus: »Woran, Logan, erkennst du Daniel Boon?«

Logan lächelte: »Die Lange Büchse ist in allen Dörfern der roten Männer bekannt. Ein junger Krieger würde ihn erkennen, auch wenn sein Auge die Lange Büchse noch nicht erblickt hat. Ta-ga-ju-tah ist ein Häuptling.«

»Ihr seid Logan!« rief Boon erfreut aus und reichte dem Indianer unwillkürlich die Hand. »Wollte Euch schon immer kennenlernen. Ihr seid der einzige Indianer, der eine Büchse führen kann, soviel ich weiß. Freue mich, Euch zu sprechen, Häuptling.«

Logan, der wirklich auch darin eine Ausnahme unter den Indianern bildete, daß er so gut schoß wie die besten Schützen unter den Grenzern, gab den Händedruck ernst und freundlich zurück. Dann beendete er das Gespräch, indem er sich zu den Kindern herabbeugte, die immer noch seine Beine umklammert hielten. Er hatte eine große Freude an allen Kindern, aber besonders die blauäugigen Blondköpfe der Weißen liebte er von ganzen Herzen. Oft kam er, der sich in aristokratischer Zurückhaltung von den Dörfern der Indianer wie der Weißen fernhielt und mit seinen nächsten Angehörigen nicht weit von dem heutigen Steubenville in zwei kleinen Hütten am Ohio wohnte, auf seinen einsamen und weiten Streifzügen an die verstreut liegenden Blockhäuser der Grenzer; und so mißtrauisch die Weißen den Indianern gegenüber waren, Logan war überall willkommen. Die Männer vertrauten ihm wichtige Botschaften an, die er getreu weitergab, die Frauen fragten ihn bei Krankheiten um Rat, und fast immer konnte er helfen, da er die heilsamen Kräuter des Waldes kannte wie kein anderer. Er war ein sicherer, unerschrockener Führer und Pfadfinder, und große Herren, selbst Lord Dunmore, gingen mit dem kaltblütigen Jäger mit Vorliebe zusammen auf die Jagd. Er hatte noch nie das Kriegsbeil gegen die Weißen erhoben, obwohl er mehr als einmal Grund genug dazu gehabt hätte. Wohl aber hatte er schon manchen fast verlorenen weißen Mann dank dem großen Einflusse, den er unter den indianischen Stämmen besaß, vom Marterpfahl loskaufen können.

Den Kindern der Grenzer schnitt er Bogen und Pfeile, fertigte ihnen kleine Baumtrommeln an, brachte ihnen Flöten und Rasseln, Lederpuppen, bunte Steine mit, lehrte sie, die Rufe der Vögel zu unterscheiden, brachte den älteren die indianische Weise zu schwimmen bei — und besaß der schöne, kraftvolle und ernste Mann die Achtung der weißen Männer, die Zuneigung ihrer Frauen, so besaß er vor allem die ganze Liebe ihrer Kinder.

Und während jetzt die Weißen zur Hütte gingen, spielte Logan — »Indianer« mit dem kleinen Benjamin und dessen Schwester! Der ernste Mann war nicht wiederzuerkennen. Er lachte und schrie, schlich sich an und ließ sich beschleichen, und der schauerliche Kriegsruf der Irokesen nahm sich, im Scherz ausgestoßen, seltsam genug aus, als er über die blühende Lichtung hallte. Daniel Boon, der mit den anderen Männern vor der Hütte saß, während Tecumseh sich ruhig ein wenig zurückgezogen hatte, fuhr ganz verstört aus der Unterhaltung auf, als Logan den Irokesenschrei zum erstenmal ausstieß. Boon hatte die größte Indianererfahrung unter den Weißen dort, er allein konnte ermessen, was Irokesenkrieg hieß, und selbst, nachdem er sich davon überzeugt hatte, daß es wirklich nur Spiel war, was Logan trieb, schüttelte er noch mehrmals den Kopf.

Logan hatte die Wirkung wohl bemerkt, die sein Schrei hervorgerufen hatte, und selbst er, der das klassische Beispiel unerschütterlicher Friedensliebe unter den Rothäuten

war, konnte ein befriedigtes Lächeln darüber nicht unterdrücken, daß selbst der furchtlose Daniel Boon – die Irokesen fürchtete.
Sogleich aber gab er sich wieder dem Spiel mit den von ihm so geliebten Kindern der Feinde seiner Rasse hin.
Daniel Boon hatte sich mit Wagner und den beiden anderen Männern auf die Bank vor dem Hause gesetzt, während die Frauen in das Innere hineingegangen waren. Wagner erzählte, auf welche Weise Logan sein Kind behandelt hatte – das Badezelt stand ja noch da und der Holzstoß glimmte noch – und Boon ging nun auch in das Haus, sich den Knaben anzusehen. Als er nach einer Weile wiederkam, meinte er:
»Ihr braucht keine Sorge mehr zu haben, Friedrich Wagner. Der Junge ist gerettet, meine ich; wer so ruhig schläft wie der, der hat die Krankheit überstanden.«
»Habt Ihr denn Erfahrung darin, daß Ihr sagen könnt, der Junge wird gesund?«
»Erfahrung! – Ein alter Hunter* wie ich muß sich auskennen, meine ich. War jetzt drei Jahre drüben am Kentucky, manchen Monat ganz allein. Man muß wissen, wie man Krankheiten heilt, wenn man Danny Boon heißen will, meine ich.«
Dem deutschen Bauern nahm die tröstliche Mitteilung des berühmten Mannes die letzten Zweifel, und aufatmend sagte er:
»So bin ich wieder einmal in Logans Schuld . . .«
Sein Schwager Konrad Wulf, der dem Spiel der Kinder mit dem Irokesen zuschaute, meinte kopfschüttelnd:
»Ich verstehe das nicht, Fritz. Da sagt man, die Indianer sind Bluthunde und Menschenschinder, wie es keine größeren gibt. Wenn du einen Virginier sprichst, so glaubst du, die Roten sind alles Halunken, Mörder und Diebe –«
Boon unterbrach ihn mit einem warnenden Seitenblick auf

* Hunter (englisch) = Jäger

den jungen Shawano, der mit verschlossenem Gesicht einige Schritte abseits saß und ebenso wie die Weißen Logan beobachtete, doch Wulf fuhr fort:

»Aber seht Logan an – ist er nicht mehr wert als fünf solche Virginier! Ich versündige mich nicht, ist doch Logan auch ein Christ.«

»Ja, da habt Ihr recht, Konrad Wulf«, fiel der Lederstrumpf ein. »Soviel mindestens wiegt auch mir dieser eine Logan auf – als Freund – und ich glaube, auch als Feind.«

»Ihr seid nicht gerade als Indianerfreund verschrien, Daniel Boon«, meinte Wagner, »und sagt doch solche Worte?«

Zum erstenmal zeigte Boon etwas wie eine Gemütsbewegung; er sagte, fast ein wenig schwermütig: »Seht, ich liebe das Leben in den Wäldern. Und zu diesen Wäldern gehört die Rothaut wie der Fisch zum Wasser gehört. Ich bin der Freund der roten Männer, und doch bekämpfe ich sie.

Meine Haut ist weiß, und Weiß und Rot, das paßt nicht zusammen, meine ich. Ich kann nicht unter Indianern leben, wie's doch so viele tun, weil ihnen das Leben unter Weißen nicht behagt. Ich kann's nicht, ist nicht meine Art. Und dieser Logan da, das ist vielleicht der beste Mensch, den ich kenne. Aber vielleicht sind wir in wenigen Wochen schon Feinde.«

»So glaubt Ihr an den Indianerkrieg, Boon?«

»Ich glaube daran, habe ich doch Kentucky gesehen, will ich doch dieses Land für die Weißen gewinnen. Fast vier Jahre war ich drüben –.« Erstaunt hörte er auf, denn eine sonore Stimme unterbrach ihn:

»Der Fliegende Pfeil sah eine Hütte im Grünen Rohr, er trägt zwei Skalpe an seinem Gürtel. Die ‚Lange Büchse' war schlau, wir konnten ihren Skalp nicht finden. Aber Tecumseh wird die ‚Lange Büchse' finden, wenn Cornstalk das Beil des Krieges erhebt. Wa –!«

Der Shawano, der lautlos zu den Männern getreten war, drehte sich auf dem Absatz und ging davon, in den Wald.

Boon hatte sich durch den drohenden Ton seiner Stimme nicht aus der Fassung bringen lassen, wohl aber hatten ihn die dunklen Andeutungen darin aufgebracht; erregt fragte er: »Was meint er mit seinen Worten? –«
Wulf wollte sprechen, aber Wagner bedeutete ihm mit einem Blick zu schweigen. Umständlich und sehr langsam sagte er, dem Shawano mit den Augen folgend:
»Könnte es Euch wohl sagen, Colonel ... Könnte sein, daß ich weiß, was er meint ...«
»Heraus mit der Sprache, Mann, heraus damit –. Er sprach von zwei Skalpen – und daß sie mich nicht finden konnten ... Was heißt das, sprecht, Mann – –.«
Boon griff zur Büchse.
»Hätte Lust, dem da zuzurufen, er soll ein wenig warten. Ist er erst im Walde, so soll ihn der Teufel einholen –.«
Wagner sagte langsam:
»Ihr seid mein Gast, Daniel Boon, und Tecumseh ist mein Freund. Seid nicht zu schnell ... auch wolltet Ihr ja hören, was seine Worte bedeuten.«
»Also heraus, heraus mit Eurer Rede, zum Donnerwetter, was zaudert Ihr ...«
»Vor vier Jahren, als wir den Vertrag mit Cornstalk schlossen, waren die Shawanos wie immer im Herbst in Kentucky auf der Büffeljagd. Ihr wißt, die Shawanos behaupten, Kentucky gehöre ihnen, und ich weiß, daß Cornstalk dieses Land niemals ausgibt. Kein Weißer hatte bis dahin im Lande gejagt, keiner wußte um seinen Reichtum, keiner wußte, daß die Hirsche zu Hunderten, die Büffel zu Tausenden dort umherzogen. Und die Shawanos verwehren jedem den Einritt, denn sie leben von dem Wilde dort ...« »Schneller, Mann, schneller, kommt zur Sache – gleich ist er im Walde ...«
»Es ist Frieden jetzt, Daniel Boon, und niemals würde ich dulden, daß Ihr ihn in meinem Hause brecht«, sagte Wagner fest und mit Nachdruck. »Auch Euch werde ich es nicht erlauben.«

Aber die Erregung des Pfadfinders steigerte sich immer mehr, während Wagner Tecumseh nachsah, der in ruhigem Schritt jetzt den Waldrand fast erreicht hatte.
»Also hört mir zu. Die Shawanos entdeckten am Kentucky eine Hütte, in der Weiße wohnten. Ihr könnt Euch denken, wie sie das traf - - -. So, jetzt ist er im Walde - - -. Tecumseh nämlich entdeckte die Hütte, er war ganz allein. Er ging hin und forderte die Männer auf – es waren zwei weiße Jäger – das Land zu verlassen und zu schwören, niemals wiederzukommen, auch keinem anderen den Weg zu zeigen. Aber sie lachten ihn aus. Da befahl er ihnen, fortzugehen; er erlaubte ihnen, die Felle mitzunehmen. Da wurden die Jäger zornig, und es kam zum Kampfe, zwei gegen einen. Tecumseh – Ihr erreicht ihn jetzt nicht mehr, Daniel Boon, jetzt ist er im Walde, darum hört zu – Tecumseh erschlug beide. Es war ein ehrlicher Kampf.«
Boon, der in ungeheurer Spannung zugehört hatte, murmelte: »Es ist richtig, meine ich. Ich sah nur eine Spur . . .«
»So wart Ihr an dem Platz, Colonel?« fragte erstaunt Wagner.
»Zwei Stunden später, Mann, war ich da. Wir hatten uns schon vor Tagen getrennt, denn ich hatte Indianerspuren gesehen und hielt mich im Walde, aber sie wollten auf dem Hügel bleiben. Sie glaubten mir nicht, glaubten dem alten Danny nicht. Ich wollte sie noch einmal warnen, aber ich kam zu spät. Ich hatte eine Schar von über achtzig Shawanos gesehen, aber ich kam zu spät sie zu warnen, zwei Stunden zu spät.
Das waren böse Stunden, Mann . . . Finley war immer unvorsichtig . . . So also war es . . . Und dieser Tecumseh –.«
»Er war damals zwanzig Jahre alt –. Und es war ein ehrlicher Kampf, Daniel Boon, denkt daran, wenn Ihr ihn einmal trefft.«
»Mich haben sie nicht gefunden. Ja, ich heiße nicht Finley, meine ich. Armer John! War ein guter Kerl, nur zu unvorsichtig, mit seinen Taten und auch mit den Worten . . .

Ja, ja, den alten Danny findet man nicht so leicht. War ganz allein damals, Mann, ganz allein – lauter Indianer um mich her. Nicht bloß Shawanos, auch die Tschirokis* machten damals gerade einen Zug. Später haben sie mich auch gefangen, bin ihnen aber wieder entwischt. Sind doch bloß dumme Kerle, Danny Boon zu fangen ist nicht so leicht ...«

Logan, der Tecumseh hatte fortgehen sehen, trat heran, um noch einmal den kranken Knaben in der Hütte zu besuchen. Daniel Boon wachte aus seinem Selbstgespräch auf:

»Sagt, Häuptling, Ihr seid ein Freund der weißen Männer. Werden die Lenni Lenape den unreinen Pfad betreten?«

Der Irokese blieb zurückhaltend stehen.

»Mein Bruder weiß es. Warum fragte er Ta-ga-ju-tah?«

Verblüfft und ein wenig verlegen sagte Boon vor sich hin:

»Die Rothaut hat recht, aber woher weiß er, daß ich es schon weiß ...?«

Und laut fügte er hinzu:

»Ja, Bukongahelas wird das Kriegsbeil ausgraben, wenn man den Mörder seiner beiden jungen Leute nicht bestraft. Aber wird Cornstalk Ruhe halten?«

»Ta-ga-ju-tah ist ein Freund der weißen Männer, aber er ist ein Häuptling der Cayuga. Warum will die ‚Lange Büchse' ihn versuchen?

Glaubst du, daß Ta-ga-ju-tah ein Verräter ist?«

Nach einer verlegenen Pause – denn die würdige Antwort des Irokesen auf die harmlos sein sollende Frage des Pfadfinders hatte ihren Eindruck nicht verfehlt – sagte Logan nachdenklich:

»Die ‚Lange Büchse' wird im Rate der Weißen gehört. Sie kann viel Unheil verhüten, wenn sie will.

Ta-ga-ju-tah ist der Bote Cornstalks, des Shawanos, an den weißen Vater; er will ihn an den Vertrag mahnen, der zu Chillicothe geschlossen wurde vor vier Wintern.

* Cherokee, Tscherokesen, ein den Irokesen sprachlich verwandtes Volk südlich von Kentucky

Wenn die Weißen ihre neuen Häuser am Ohio zestören, wenn sie versprechen, das Land des Grünen Rohrs nicht zu betreten, wenn der Mörder der beiden jungen Leute vom Stamm der Lenni Lenape bestraft wird, dann wird Frieden sein.
Wird mein Bruder zum Frieden raten?«
Diese offene Frage brachte Boon in Verwirrung. Wie konnte er, der Kentucky entdeckt, seine Schönheit, seine Einsamkeit und seinen ungeheuren Reichtum auf monatelangen Wanderungen erspäht, erforscht und erlebt hatte, – wie konnte er versprechen, dieses Land nicht mehr zu betreten, er, der doch nur nach dem Osten zurückgekehrt war, um seine Familie und wer ihm sonst folgen wollte, in das neuentdeckte Paradies zu führen? Und wie konnte er andererseits sagen, daß er den Frieden nicht wollte?
Logan, der die Gedanken des Weißen zu lesen schien, sagte, nachdem er lange vergeblich auf Antwort gewartet hatte, traurig:
»Die Klage des roten Mannes ist dieselbe vom Aufgang bis zum Niedergang der Sonne. Die weißen Leute werden nicht ruhen, bis sie alles Land meiner roten Brüder genommen haben.«
Und indem er seine Hand auf den blonden Schopf des kleinen Benjamin legte, der ihm gefolgt war und nun an seinen Vater gelehnt die großen Leute beobachtete, fuhr er ernst zu Konrad Wulf gewandt fort:
»Mein Bruder, höre, was der Häuptling der Cayuga sagt: führt eure Frauen und Kinder hinter die langen, starken Pfähle. Es ist große Gefahr, denn der rote Mann ist sehr erzürnt. Vier Sommer haben Cornstalk und Logan euch beschützt, aber Cornstalk ist zornig, weil die Weißen ihn betrügen wollen, und Logan allein kann den Frieden nicht bewahren, denn die Shawanos sind nicht von seinem Volke.«
Er ging in das Haus an das Lager des Kranken. Die Männer blieben scheigentlos zurück. Bald kehrte der Häuptling wieder; er reichte Friedrich Wagner die Hand:

»Mein Bruder, das Kleine Blaue Auge wird morgen schon gesund sein. Du aber sei ohne Furcht: der rote Mann liebt dich, dir wird nichts geschehen. Cornstalk ist dein Freund, und sogar Bukongahelas, der Sachem der Lenni Lenape, liebt dich.«
Mit einer verabschiedenden Bewegung wollte er fortgehen, aber noch einmal hielt er vor Konrad Wulf an:
»Mein Bruder, tue, wie ich dir gesagt habe, führt Eure Weiber und Kinder fort. Und sage es auch den anderen weißen Leuten.
Ta-ga-ju-tah wird Frieden halten, was auch seine roten Brüder tun mögen, denn sein Herz liebt die Weißen. Aber die Shawanos sind sehr ergrimmt.«
Der Häuptling nahm seine Büchse, die Tecumseh an die Wand gelehnt hatte, und ging. Jedoch bald stutzte er; er war kaum hundert Schritte gegangen, da blieb er stehen, sah angestrengt nach dem Waldrand hinüber und setzte sich dann auf den Boden.
Nach einer langen Pause nahm der dritte der Besucher Friedrich Wagners, ein junger, hünenhafter Mensch von knapp zwanzig Jahren, der sich bisher mit verschlossenem, fast finsterem Gesicht beiseite gehalten hatte, das Wort. Er sagte mit unterdrückter Stimme, so daß der Irokese ihn nicht hören konnte:
»Kann mir nicht helfen, Männer, mir gefällt dieser Logan nicht. Alle Grenzer schenken ihm Vertrauen, lassen ihn in ihre Hütten – glaubt Ihr, es gibt ein Haus, das er nicht kennt, von dem er nicht weiß, wieviel Gewehre es hat? Er wird schon wissen, warum er so herumspioniert.«
»Was wißt Ihr von Logan«, brauste der sonst so ruhige Wagner auf. »In seinem Munde ist kein Falsch, was er verspricht, das hält er – er ist nicht so, wie gewisse Leute da unten am Fluß.
Wer Logan um Hilfe ruft, der ruft nicht vergebens.«
»Ach was«, höhnte Simon Butler. »Kratz ihn und ihr werdet den Lumpen unter seinem Fell an den Tag bringen.«

»Junger Mensch, wägt Eure Worte —«, donnerte Wagner. Aber er kam nicht weiter; er sah seine Frau in der Tür des Hauses stehen und ihm winken. Er stürzte zu ihr, er sah ihr freudebewegtes Gesicht, er lief ins Haus: da sah er seinen Knaben auf dem Lager sitzen, weinend, aber bei Besinnung, und hörte ihn nach Essen rufen. Er hatte wieder Hunger ... Da tropften dem großen starken Menschen die Tränen aus den Augen, er nahm sein Söhnchen in die Arme und schämte sich seines Weinens nicht. Er wußte: das war die Rettung. Boon stand schon hinter ihm, und er bedeutete der Frau, sie möge dem Kinde etwas warme Milch geben und es dann wieder schlafen lassen. Die Mutter setzte sich mit den beiden anderen Frauen an das Bett des Knaben, die Männer gingen wieder auf den Platz vor der Tür. Butler, der mit Konrad Wulf draußen geblieben war, rief ihnen entgegen:

»Ihr seid ein Indianerfreund, Friedrich Wagner. Da hinten kommen schon wieder Rote heran, drei Delawaren, wie es scheint, die schlimmsten von der ganzen Bande. Logan und Tecumseh kommen mit ihnen zurück. Das ist verdächtig in dieser Zeit, Fritz Wagner. Ich hoffe, Ihr spielt kein falsches Spiel.«

»Junger Mensch, Ihr seid mein Gast, obwohl Ihr meine Hütte noch nicht betreten habt. Aber hütet Eure Worte. Ich habe Muskeln in meinen Armen ...«

Konrad Wulf trat dazwischen: »Butler, ich brachte Euch nicht hierher, damit Ihr meinen Schwager beleidigt. Ich denke, Ihr wißt, wer ich bin — und Fritz ist nicht nur mein Schwager, er ist auch mein Freund. Das genügt.«

Butler machte ein finsteres Gesicht, schwieg aber — und er hatte auch keine Zeit mehr für viele Worte. Die Indianer, von denen er gesprochen hatte, waren herangekommen. Die Delawaren gingen nebeneinander, alle trugen offene Lederhemden, die über den Gürtel herabfielen, und hatten Mäntel aus Hirschfell über die Schultern geworfen. Der mittlere der drei trug drei Adlerfedern in der

Skalplocke, er hatte mit grüner Farbe breite Streifen auf seine Wangen gemalt und zwei schmale, rote Querstreifen auf der Stirn. Logan und Tecumseh gingen hinter ihnen. Die Delawaren kamen mit geraden steifen Schritten auf Wagner zu und gaben ihm nach der Sitte der Weißen die Hand. Es schien, als sei Logan irgendwie freudig bewegt, Tecumseh aber kam heran, als hätte er nicht soeben Daniel Boon schwer bedroht. Die Blicke der beiden kreuzten sich scharf und kühl. Aber Boon schwieg. Er hatte seine Rache auf später verschoben. Die Delawaren begrüßten auch die anderen Weißen, und nun folgte nach indianischer Sitte eines jener endlosen Gespräche über die Jagd, über das Wetter, über den Fischfang, über dies und das – nur nicht darüber, weswegen die drei gekommen waren. Die Frauen brachten gebratenes Fleisch und Brot, auch das Feuerwasser kreiste – schon begann es zu dämmern, und Wagner wußte immer noch nicht, was die neuen Gäste eigentlich im Schilde führten.
Simon Butler in seinem hervorbrechenden Ungestüm hatte wiederholt Konrad Wulf einige Bemerkungen zugeflüstert, er fürchte einen Hinterhalt – hatte nicht Daniel Boon vorhin erzählt, er habe bei den Lenape von der Kriegsaxt geschälte Frühjahrsbäume gesehen? Wer konnte den Roten trauen? Lagen sie vielleicht schon im Hinterhalt? Der Wald konnte voll von ihnen sein, es wurde zusehends dunkler, und Wagner war von einer Arglosigkeit . . .!
Oder, verdammt, tat er nur so? Was war das für ein Blick zum Waldrand unter den gesenkten Augenbrauen hervor? Wurde hier schon Krieg gespielt, ohne daß er, der Neunzehnjährige, es merkte? Der Teufel sollte sich mit diesen Grenzern auskennen. Auch Boon war ruhig – da durfte er wohl doch vertrauen. Aber hatten nicht auch alte erfahrene Jäger sich schon oft genug täuschen lassen? Nun, seine Büchse war geladen, sein Messer war scharf – ein Sprung – und er war im Haus. Dann sollten die Roten nur kommen . . .

Da nahm gar der ältere der Delawaren seine Pfeife, stopfte sie und begann zu rauchen! Wollte der hier übernachten? Oder warten, bis seine sauberen Brüder in der Dunkelheit über die Lichtung schleichen konnten –? Nun, zwei bis drei Stunden konnte es noch dauern, bis es soweit war. Also Geduld, Geduld ...

Da steht schon dieser Shawano auf – ein gefährlicher Kerl mußte das sein, wenn er die beiden Gefährten Boons überwunden hatte. Mit den schlechtesten Leuten ging Old Danny nicht nach Kentucky, wie er ihn kannte. Was will er wohl?!

Butler hielt es nicht mehr aus, er wollte aufspringen, aber Wagner legte die Hand auf seinen Arm, und auch Boon bedeutete ihm, sitzen zu bleiben. Er gehorchte, Tecumseh kam ohnehin schon wieder. Er trug zwei kleine Lederbündel in der Hand, von denen er eines Logan übergab.

Noch eine kurze Pause, die die Indianer mit Rauchen und Schweigen ausfüllten, dann erhob sich der eine der Delawaren, nahm einen mit weißen Stachelschweinsborsten überreich bestickten Gürtel unter dem Hirschmantel hervor und sagte:

»Diesen Wampum sendet Bukongahelas, der Häuptling der Lenni Lenape, dem Gelben Haar. Die Lenni Lenape und das Gelbe Haar sind Brüder, sie leben in Frieden miteinander, die Lenni Lenape und das Gelbe Haar gehen den geraden Pfad. Ih-tau-o-kaum ist der Mund des Häuptlings; Bukongahelas selbst hat durch Ih-tau-o-kaum gesprochen, er sprach im Namen aller Männer vom Stamme der Lenni Lenape.«

Er legte den Gürtel vor Friedrich Wagner auf die Erde und setzte sich wieder.

Ernst stand nun Logan auf, entfaltete das Lederbündel, das Tecumseh ihm gereicht hatte, und sagte (doch konnte er ein freudiges Aufblitzen seiner Augen nicht ganz unterdrücken):

»Ta-ga-ju-tah, der Cayuga aus dem Volke der Irokesen, ist

der Bote Mitschikinikwas, des Häuptlings der Miamis. Diesen Wampum des Friedens senden die Miamis dem Gelben Haar; sie sind die Freunde des Gelben Haares. Niemals werden sie den unreinen Pfad des Krieges wider ihn betreten.« Auch er übergab Wagner den Gürtel.

Nun stand Tecumseh auf, er als der Jüngste hatte zuletzt zu reden, wenn er auch der Bote des mächtigsten Häuptlings war; er legte ebenfalls einen Friedengürtel vor Wagner nieder:

»Dies sendet Cornstalk, der oberste Häuptling der Shawanos, auf den die Miamis, die Lenni Lenape und die Wendat hören. Die Shawanos sind die Freunde des Gelben Haars. Cornstalk sagt: Mein Eigentum ist dein Eigentum, mein Blut ist dein Blut. Wehe dem, der die Hand gegen dich erhebt.«

Einige Augenblicke herrschte Stille. Wulf var erschrocken und Simon Butler von dem feierlichen Ernst der Roten – ja, er konnte es sich selbst kaum deuten: eingeschüchtert? Bah, er und eingeschüchtert! Aber warum konnte er denn dann nicht sprechen, schimpfen – wie er doch wollte?!

Nun klopften alle Indianer ihre Pfeifen aus, erhoben sich und gingen mit kurzem Gruß davon. Einzig Logan trat noch einmal in das Haus, um sich den Kranken zu betrachten. Er schien befriedigt, und als er nun hinausging, hängten sich rechts und links die beiden Kinder Konrad Wulfs an seine Hände: »Hierbleiben, Onkel Logan, bitte, bitte, hierbleiben.«

Der Häuptling blieb stehen, betrachtete die beiden kleinen Lockenköpfe und sagte dann ernst zu Konrad Wulf, ihn zum drittenmal mahnend: »Mein Bruder denke daran, was Ta-ga-ju-tah gesagt hat.«

Der Irokese ging den anderen nach, und Friedrich Wagner ging mit ihm, um sich noch einige Ratschläge über die Pflege seines Kindes geben zu lassen.

Konrad Wulf stand mit gekreuzten Armen an die Wand des Blockhauses gelehnt, Boon blieb wortlos vor sich hin-

blickend auf seinem Platz, der junge Butler aber lief mit langen Schritten wütend hin und her. Er schüttelte seine lange Büchse und knirschte vor sich hin:
»Himmel, Teufel, das ist eine schöne Bescherung. Was nützt es, wenn ich ihnen eine Kugel nachjage – ich könnte alle fünf zu Brei hauen, da brauchte mir keiner zu helfen, denn Muskeln hat so ein Kerl ja nicht. Woher sollte er sie haben, hat ja sein Lebtag nicht gearbeitet. Angst haben sie auch nicht, wie ruhig sie davongehen – –
Das nennt man eine Kriegserklärung, Bruder German* –«, fuhr er Konrad Wulf an.
Der gab, ohne sich zu regen, zurück:
»Das war eine Friedenserklärung ...«
»So, so, eine kluge Auffassung ist das bei Euren fünfunddreißig Jahren. Die Gürtel lagen nicht vor Euch! Ihr denkt doch nicht, die Roten werden Euch auch in Ruhe lassen?«
»Nein, das galt nur meinem Schwager ...«
»Einen klugen Schwager habt Ihr, Bruder German, das muß ich sagen. Der weiß sein Fell trocken zu halten. Er denkt wohl gar zu ernten, wo andere säten ... Wenn die rote Flut das Land überschwemmt, wenn die Häuser und die Felder rauchen – dann hofft er vielleicht, er könne sich da hineinsetzen. – Einen sauberen Schwager habt Ihr.«
»Hütet Eure Zunge, junger Mensch, das sage jetzt auch ich – –«
»Junger Mensch, junger Mensch, was soll das Wort –« brauste jetzt Butler in hemmungslosem Zorn auf. »Meine Kugel trifft so schnell wie Eure, ich fälle einen Baum so gut wie Ihr, und wo meine Faust hintrifft – hier seht sie Euch an! – da wächst kein Gras. Euer Schwager soll sich hüten ... Wer mit dem Feinde Frieden hält, ist ein Verräter, so denke ich, so denkt jeder brave Mann ...«
»Er wird nicht Frieden halten, denke ich.« Konrad Wulf war immer noch ruhig.

* German (engl.) = Deutscher

»Denke ich, aha, da hat man's. Aber sicher seid Ihr auch nicht. Das Blut aller weißen Leute, aller Frauen und Kinder komme über den, der nicht mit uns ist.«
Butlers letzte Worte klangen fast feierlich. Wagner, zurückgekehrt, hatte sie noch gehört. Er sagte mit erschütterter Stimme:
»Ich bin nicht mit Euch. Die Indianer sind meine Freunde.«
Butler wurde dunkelrot im Gesicht, er sah aus, als wolle er sich auf ihn stürzen, er hatte sein Gewehr fallen lassen und die Fäuste geballt, nur mit Mühe noch hielt er sich zurück. Boon sah kopfschüttelnd Wagner an, sagte jedoch immer noch nichts.
»Fritz, du willst Frieden halten, wenn sie unser Vieh stehlen, unsere Felder verbrennen, unsere Freunde ermorden —?« fragte mit vor Schmerz, Verachtung und Empörung zitternder Stimme jetzt Konrad Wulf.
Die drei Frauen, von den lauten Worten Butlers aufgeschreckt, standen in der Tür des Hauses, mit weit aufgerissenen Augen, denn es sah aus, als wollten sich die Männer, eben noch gute, treue Freunde, aufeinander stürzen.
Friedrich Wagner stützte sich mit beiden Händen auf den Tisch und sah Simon Butler an. Faust keuchend klangen seine Worte:
»Alles Blut, das fließen wird, komme über die, die Verträge schlossen und sie brachen, die Land erbettelten und die rechten Besitzer dann verjagten, die der Rothaut Pelzwerk abschacherten und ihr Branntwein gaben, die das Wild vertrieben, so daß sie jetzt hungern müssen, die in der Bibel lesen und den Indianer schlechter als ein Tier behandeln. —
Die Roten sind ehrlich, stolz und treu ...
Dieses Land ist groß, es ist viel Platz darin, aber Eure Habsucht und Ländergier, Euer Neid, Eure Bosheit werden nicht satt. Ihr wollt immer mehr, immer mehr ...
Einen Groschen gebt ihr dem Indianer für ein Biberfell und fünf Silbertaler ist es wert. Eine alte Wolldecke gebt Ihr

für einen ganzen Wald und denkt noch, Ihr gebt zuviel. Eine Kugel gebt Ihr für eine Seele – und auch das ist Euch noch zu teuer.
Geht Euren Weg, ich gehe den meinen. Ihr habt Gott verraten in Euch selbst – ich gehe meinen Weg, seht zu, daß Ihr Euren Weg findet.«
Simon Butler höhnte Friedrich ins Gesicht.
»Wie alt seid Ihr, daß Ihr so schwärmt wie ein Pastor auf der Kanzel? Meine Haut ist weiß, und weiß sei auch dieses Land! Es ist kein Platz für andere Farben da.« Er legte seine grobe, mächtige Faust fest auf den Tisch vor Wagner: »Was diese Hand tun kann, das wird sie tun. Bis zum Ohio und darüber hinaus, bis zum Mississippi und bis zum Mini-schosch* soll es keinen Roten mehr geben, wenn ich einmal in die Erde gelegt werde. Wenn sie unsere Knechte nicht werden wollen, haben sie über der Erde keinen Platz. Unter der Erde ist Platz genug.« Damit nahm er seine Büchse auf und ging davon.
Auch Wulf war tief beleidigt: »Fritz, du weißt nicht, was du sagst. Und bedenke wohl: niemand wird dir helfen, wenn du uns nicht hilfst.«
»Ich brauche Eure Hilfe nicht. Ich wünsche Euch, daß Ihr auch meine Hilfe nicht braucht.«
In tiefer Verstimmung ging nun auch Wulf; die Frauen folgten ihm mit den Kindern. Nur Boon, der alte, erfahrene Lederstrumpf, rührte sich immer noch nicht.
»Nun, was sagt Ihr, Colonel? Habt Ihr nicht auch so einen Segenswunsch für mich? Daß der Virginier da mich verdammt, das wundert mich nicht.«
»Aber daß Euer Schwager Euch verläßt, ist schlimm, meint Ihr?« fragte nun endlich der Waldläufer. Er schüttelte schwer seinen Kopf und erhob sich.
»Ihr geht einen verdammten Weg, Gelbes Haar. Ich verstehe Euch. Sie haben Euch Gutes getan und Ihr wollt nicht schlechter sein als sie.«

* Missouri

Boon machte eine lange Pause. Dann zuckte er trübe die Achseln:
»Wohl dem, der kein Blut zu vergießen braucht. Es wäre wohl auch mein Amt, Frieden zu halten. Aber Weiß gehört zu Weiß und Rot zu Rot, meine ich. Es ist wider meine Art, stillzusitzen, wenn die Not in den Häusern meiner Landsleute schreit.«
Er prüfte sorgfältig die Ladung seiner langen Büchse, nach der er bei den Indianern genannt wurde, wollte gehen, blieb aber bedächtig noch einmal stehen, sah mit leicht zugekniffenen Augen nach Nordwesten zum Himmel auf:
»Bald wird der Himmel vom Brande der Blockhäuser flammen, meine ich, denn die Regierung gibt nicht nach, und Cornstalk, wie Ihr seht, rechnet trotz seiner Botschaft an den Grafen nicht mehr damit, daß er Frieden halten kann. Sonst hätte er Euch nicht die Friedensschnüre gesandt. Wird ein böser Sommer werden, meine ich. Würde Euch raten, ins Indianerland zu ziehen, denn die Virginier werden Euch nicht in Ruhe leben lassen. Die Mitschi malsa* sind schlimmer in ihrer Wut als die Roten. Überlegt Euch diesen Rat gut, Gelbes Haar! Wäre eine böse Sache, wenn Ihr von Indianern verschont, von Weißen getötet würdet. Habe Angst um Euch, Wagner. Seid ein braver Mann. Ich fürchte, ich fürchte, das geht schlimm aus. Ich fürchte das sehr. Danny Boon kennt die Menschen. Folgt meinem Rat und zieht davon!«
Und mit einem letzten, kräftigen Händedruck ging nun auch der alte Waldläufer davon. Er sprach im Gehen mit sich selber und schüttelte wiederholt den Kopf. Als er am Waldrand angelangt war, sah er noch einmal lange zurück, als wolle er sich das friedliche Bild, das die Lichtung bot, genau einprägen. Dann trat er unter die Bäume. Friedrich Wagner war allein mit seiner Frau und seinem Kinde.

* »Die langen Messer«, Indianername für die Weißen, der Miami-Sprache entnommen

Der Abend senkte sich über die Wipfel der Bäume herein; ein leichter Wind beugte das hohe Gras, und oben im Blau des Himmels erstrahlte der Abendstern. Das Vieh in der Umzäunung brüllte nach Pflege. Tyras, der große Hund, legte seinen Kopf auf das Knie des Mannes, der sich wieder auf die Bank niedergelassen hatte, und sah ihn mit klugen, großen Augen an.
Nach einiger Zeit stand der junge Bauer schwerfällig auf und ging seiner Arbeit nach, die er heute so sehr vernachlässigt hatte.

Landstreicher

An einem Vormittag, etwa fünfzehn Tage nach diesen Ereignissen, stand Friedrich Wagner bei seinen Pferden.
Er sah ernst zu seiner Hütte hinüber, und ernste Gedanken bestürmten ihn. Sollte er dem Rate des alten Lederstrumpf folgen und ins Indianerland ziehen? Daniel Boon war ein erfahrener Mann, er war alt und klug, er kannte die Menschen und meinte es gut mit ihm, »dem Gelben Haar«, daran war kein Zweifel.
Aber Wagner war ein Bauer und nicht vom Schlage dieser virginischen Grenzer, die mehr Jäger und Fallensteller waren als Bauern. Die freilich gaben mit leichtem Herzen das Land auf, das ihnen Wohnung gab, auf das bloße Gerücht hin, dort und dort gebe es noch mehr Wild, noch mehr Büffel und Biber, noch mehr Felle.
Der Bauer betrachtete sein Haus. Es war eine einfache Blockhütte, wie sie geübte Grenzer in drei, vier Tagen bauten: quadratisch behauene Baumstämme, von der Rinde befreit, auf die gleiche Länge gebracht und einen Fuß vor dem Ende an beiden Seiten mit einem Einschnitt versehen.

Zwei so behauene Stämme wurden parallel auf die geebnete Erde gelegt, in der Entfernung voneinander, die der Breite der Hütte entsprach, die man bauen wollte. Dann wurden zwei andere Stämme quer in die Ausschnitte eingefügt, und so fort eine Lage von vier im Rechteck liegenden Stämmen auf die andere gehoben. Wer ganz besonders für Sicherheit schwärmte, der trieb noch innen und außen an allen vier Ecken je einen starken Pfosten in die Erde. Hatten die einzelnen Lagen die richtige Höhe, so wurde das Dach daraufgesetzt. Auf dieses meist flache Dach kam noch eine dicke Schicht Lehm oder Tonerde. Die Ritzen wurden mit Moos oder Lehm verstopft, innen die Wände mit Büffel- oder Bärenfellen verhängt, um den Zugwind abzuhalten, ein paar rohe, selbstgezimmerte Möbel hinein – und das Haus war in der Hauptsache fertig. Diese Blockhütten unterschieden sich wesentlich von dem, was man sich bei uns im allgemeinen unter einem »Blockhaus« vorstellt. Es waren armselige, kleine Behausungen – und die »langen Häuser« der Irokesen oder die geräumigen Erdhütten nördlicher Indianer boten mehr Bequemlichkeit und weit mehr Raum als diese »long-houses« der Weißen, wie man die Häuser der Grenzer damals nannte.
An seiner Hütte lag Wagner nicht viel, sie war schnell abgebrochen und schnell wieder aufgebaut – auch solch eine Lichtung war schnell gerodet –, aber er war ein seßhafter Mann, dem das Umherziehen und Wandern im Grunde seiner Seele zuwider war. Er war ein Bauer, der an seiner Scholle hing, und Naturen wie der ewige Wanderer Boon, wie der Franzose Jean Martin konnten ihm wohl eine persönliche Sympathie und Achtung abgewinnen, aber niemals hätte er es ihnen nachgetan. Er liebte Reinlichkeit und Ordnung; der etwas selbstgefällige Stolz auf die Erfolge geregelter Arbeit war das Grundelement seiner Lebensauffassung. Vielleicht war das der Grund, der Logan und Tecumseh so zu Wagner hinzog, denn sie hatten nichts von alldem. Sie waren Jäger, Wanderer, die stolz und königlich

jede Arbeit verachteten, die jede körperliche Anstrengung, wenn es nicht um Jagd oder Fischfang ging, Weibern und Blaßgesichtern überließen. Und sie unterschieden sich vielleicht nur darin von ihren Stammesgenossen, daß sie beide ahnten: diese ungeheure Arbeitslust der Weißen könne der Grund des Unterganges des indianischen Volkes werden. Bei Wagner fanden sie alles, was sie selbst nicht hatten, und seine Anhänglichkeit an den einmal bebauten Boden war diesen beiden Indianern vielleicht das Unverständlichste und Bedrohlichste an ihm; oft genug hatten sie, in Gedanken versunken, lange Stunden am Waldrand gesessen und ihn bei seiner Arbeit beobachtet, bevor sie sich ihm zeigten. –

Friedrich Wagner konnte zu keinem Entschluß kommen. Von den Indianern hatte er nichts zu fürchten, aber wenn es unter den Virginiern bekannt wurde, daß die Roten ihn schonten, während sie alle übrigen Weißen bekämpften, so war das Mißtrauen schnell wach. Weigerte er sich gar, gegen die Shawanos zu kämpfen, so durfte er sicher sein, daß die »Mitschi malsa«, die langen Messer, ihn als Verräter behandelten.

War es nicht soeben erst fast zu einem Kriege zwischen Virginien und Pennsylvanien gekommen, weil die Quäker gut mit den Indianern standen, ihnen Waffen und Waren verkauften – und weil die Indianer infolgedessen die Bewohner Pennsylvaniens ebenfalls ständig gut behandelten? Ein Virginier war im Indianerlande keinen Augenblick seines Lebens sicher, ein Quäker war es immer.

Daß ein Indianerkrieg drohte, wußte man an der ganzen Grenze, und die Virginier hatten daher gefordert, die Quäker sollten ihre Waffenverkäufe an die Indianer einstellen. Die Quäker aber wollten sich das gute Geschäft nicht verderben lassen, auch gönnten sie den virginischen Raufbolden im stillen sicherlich einen ordentlichen Krieg mit den Roten.

Da hatte man in Virginien gerüstet, aber nicht gegen die

Rothäute, sondern gegen die frommen Leute in der Nachbarkolonie; und die Quäker wiederum bereiteten sich zur Verteidigung vor. Lord Dunmore, der englische Gouverneur, hatte schleunigst Hauptmann Conolly mit einer starken militärischen Macht an die Grenze beider Kolonien entsenden müssen, um das Schlimmste zu verhüten.

Und Friedrich Wagner dachte: wen die Virginier von einem Kriege gegen Pennsylvanien, die Kolonie der Quäker, nicht zurückschreckten, würden sie ihn, den Einzelnen, verschonen, der sich in ihren Augen des gleichen Vergehens schuldig machte wie die Quäker? Hatten es doch auch diese in allen früheren Indianerkriegen und in allen Grenzscharmützeln abgelehnt, die Virginier militärisch zu unterstützen – und das war der eigentliche Grund des Hasses gegen Pennsylvanien.

Denn schließlich: ein paar alte Schießprügel hätten die Virginier den Roten auch ganz gern verkauft, vorausgesetzt, daß sie in guten Fellen dafür bezahlten ... Aber die Indianer zogen es vor, nach Pennsylvanien zu gehen, wo sie keine Sorge vor Vergewaltigungen zu haben brauchten.

Weil die puritanischen Virginier die Indianer betrogen und beraubten, wo sie konnten, verkauften die Roten ihre Felle lieber an die Quäker in Pennsylvanien; und weil die Quäker die guten Geschäfte machten, wurden sie von den Virginiern gehaßt wie der Tod.

Wagner lächelte bitter: es war wohl wirklich am besten, zu den »Wilden« zu ziehen. Dort war er sicher, daß man ihn nicht dazu zwingen würde, Menschenblut zu vergießen. Dort wurde jemand, der an einem Kriege nicht teilnehmen wollte, in Ruhe gelassen, manchmal vielleicht auch verachtet – aber er wurde nicht gezwungen, die Waffen zu ergreifen*.

* Die Indianer Nordamerikas haben niemals so etwas wie »Wehrpflicht« gekannt. Alle Kriegsteilnehmer waren Freiwillige

Er wurde in seinen Gedanken durch Hinnerk gestört, der in der Siedlung am Blauen Fluß gewesen war und mit aufregenden Neuigkeiten heimkehrte, die er nun dem aufhorchenden Bruder erzählte. Wagner erfuhr jetzt auch, warum die Lenni Lenape mit Krieg gedroht hatten: das Pferd eines virginischen Grenzers hatte sich verlaufen und war in das Land der Lenape geraten. Die fingen es ein und entsandten auf Anordnung ihres Häuptlings Bukongahelas drei Krieger, die den Gaul seinem Besitzer zurückbringen sollten. Als der Grenzer sein Pferd in den Händen von drei Indianern erblickte, eilte er in seine Hütte, lud zwei Gewehre, ließ die Roten herankommen und erschoß ohne jede Warnung zwei von ihnen.
Der dritte ließ das Pferd stehen und entkam in den Wald, bevor der Rohling neu geladen hatte. Bukongahelas hatte Bestrafung des Mörders gefordert, und er war wirklich ins Gefängnis geworfen worden. Der Weiße behauptete, die Indianer hätten ihn angreifen wollen, Bukongahelas wieder erklärte – und alle Lenape wußten, daß er die Wahrheit sprach –, daß er die drei Krieger absichtlich unbewaffnet fortgeschickt habe, damit es zu keinem Zwischenfall komme. Die Regierung durfte nicht wagen, den Grenzer zu bestrafen, denn das hätte einen Aufstand der Virginier zur Folge gehabt und so hatte sie ihn vor wenigen Tagen wieder in Freiheit gesetzt. Und die Folge war, daß Bukongahelas zwei Blockhäuser an der Grenze bei Nacht und Nebel überfallen und alle Bewohner erschlagen hatte. Der Krieg war also bereits eröffnet.
Aber Hinnerk wußte noch mehr: Hauptmann Conolly hatte schon vor zwei Wochen in einem Rundschreiben bekanntgegeben, der Indianerkrieg sei unvermeidlich und man solle den Roten kein Pardon geben, wo man sie treffe.
»Das, Fritz, ist Wasser auf die Mühle der Mitshi malsa! Gnade gab's ja sowieso nicht für einen Indianer bei ihnen – aber jetzt haben sie es schriftlich – und von einem Offizier der Krone! –, daß sie morden dürfen, wie sie wollen.

Denn so fassen sie den Brief Conollys auf.
Hauptmann Cresap, der mit einer Schar Freiwilliger drüben am Alleghany liegt, hat gleich zwei Delawaren, die von Pittsburg kamen, wo sie Felle verkauft hatten, ohne allen Grund einfach niedergeknallt. Und in der vorigen Woche trafen sie sechs Jäger, auch von den Lenni Lenape. Die haben sie auch niedergeschossen, nur einer konnte fliehen. Aber die sechs haben sich gewehrt, und vier von Cresaps Leuten werden keine Büchse mehr auf Indianer richten.«
»Jetzt Gnade Gott allen Häusern an der Grenze, Hinnerk! Bukongahelas wird sein Gesicht schwarz machen.«
»Boon meint, das habe Conolly getan, weil er die Virginier auf andere Gedanken bringen wolle. Sonst wären sie vielleicht doch noch gegen die Quäker gezogen. Und wenn jetzt die Virginier ihren Indianerkrieg haben, dann denken sie nicht mehr an die Quäker.«
»Kann schon sein, Hinnerk, kann schon sein. Und so müssen die Roten den Prügelknaben abgeben. Nun wird Cornstalk auch nicht mehr warten.«
Schon seit einiger Zeit kam es dem Bauern vor, als höre er Stimmen aus dem Walde, aus dem Nordosten sich nähern. Jetzt war kein Zweifel mehr daran: er hörte Lärm, rohes Gelächter, und jetzt vernahm er sogar Gesang, ein brutales Grenzerlied – der Mann mußte betrunken sein, so benahm sich kein Mensch, der halbwegs bei Verstand war. Die anderen, statt ihn zum Schweigen zu bringen, lachten jetzt wieder laut und schallend, schrien dazwischen – und dabei konnte hinter jedem Baum ein roter Späher lauern!
»Da ist etwas nicht in Ordnung«, sagte das Gelbe Haar finster und prüfte sorgfältig die Ladung seiner Büchse.
»Fritz, ich kann das alles nicht so ruhig hinnehmen wie du,« unterbrach ihn der jüngere, immer noch leidenschaftlich erregte Bruder. »Dieser Conolly soll uns gegen die Roten verteidigen, und das erste: dieser Befehl! Jetzt wer-

den alle jeden Indianer niederknallen, der ihnen in den Weg läuft, ganz so, wie es Cresap schon gemacht hat. Das kann Tecumseh, das kann jetzt sogar Logan jeden Tag passieren. Hat denn das Pack noch vor irgend etwas Respekt? Sie werden behaupten, sie tun ein gutes Werk, wenn sie eine Rothaut ermorden – ich kenne sie doch! In den Städten drüben hinter dem Gebirge, im Osten – da mag es ja noch rechtschaffene Leute geben, da muß es rechtschaffene Leute geben, sonst würde nicht jeder, der dort etwas verbrochen, der gestohlen, geraubt oder gemordet hat, sich hier bei uns in den Wäldern verbergen. Wer soll ihn hier auch finden? Wer ihm etwas nachweisen? Und dann knallt er hier auf alles, was eine andere Haut trägt als er, sei es Mensch oder Tier – flucht und säuft – und wenn die Indianer kommen, ist er auf und davon. Und dann können die ehrlichen und friedliebenden Leute, dann können wir Bauern und Farmer dafür büßen, was diese Lumpen angerichtet haben.
Großer Gott, sieben Indianer ohne allen Grund hingeschlachtet, nur weil sie eine rote Haut haben – das schreit zum Himmel! Wie kann Boon das da unten im Dorf so in aller Ruhe erzählen, als seien ein paar Fliegen zertreten worden –! Das ist nun der berühmte Lederstrumpf!«
»Boon hat viel gesehen und erlebt, der trägt seine Gefühle nicht auf der Zunge. Das ist ein Mann, Hinnerk . . .!«
Die Brüder wurden von den inzwischen aus dem Walde herauskommenden Männern unterbrochen; Friedrich hatte sie während seines Gespräches mit Hinnerk gezählt, während sie grölend herankamen: es waren sieben ziemlich zerlumpt und abgerissen aussehende Waldläufer, Pelzjäger. Sie sahen alle erhitzt und erregt aus, sie waren alle mehr oder weniger betrunken, ihre Kleider waren schäbiger und schmutziger, als es sogar bei dieser Sorte von Landstreichern sonst die Regel war. Die meisten trugen Tuchröcke und -hosen, aber einige hatten auch indianische Kleidungsstücke. Aber was Wagner erschreckte: sie trugen

fast alle frische, indianische Skalpe am Gürtel, und der prachtvolle Mantel aus Hirschfell, nach Art der Rothäute bemalt und bestickt, den einer der Jäger trug, sah ihm so aus, als sei er gestohlen oder geraubt.

»Da ist er ja, the friend of the Indians, der Bruder der Roten«, johlte einer der Landstreicher los. Er stand nicht ganz sicher auf seinen Füßen und mußte sich auf seine Büchse stützen.

»Yes, das ist er.« Torkelnd drängte sich ein anderer vor. »Nehmt Euch – hick – nehmt Euch in acht, Freund – Freundchen! Wenn die – hick – Lenape kommen und – Ihr – seid – nicht – auf unserer Seite!«

Der Sprecher hielt sich an seinem Nachbar fest: »Wenn Ihr gemeinsame Sache mit ihnen macht – kann sein, daß dann der rote Ha – Hahn auf – hick – Eurem Dache kräht!«

»So ist's recht!« »Sag's ihm nur, Ben!« »Bist mein Mann, Bruderherz!« »Jawohl, der rote Hahn« – so schrien die übrigen durcheinander.

Schlau blinzelnd fügte der soeben Ben Genannte hinzu: »Ihr sollt – viele gute Felle da in Eurer Bude haben. Laßt uns mal hi – – hinein, wollen sie mal ansehen – wenn Ihr uns paar – hick – abgebt, vielleicht sind wir nicht so –«

Aber Ben wurde von einem hünenhaften, schwarzhaarigen Kerl beiseitegeschoben. »Halt's Maul, Ben! Was schwatzt du da für betrunkenen Unsinn.« Er erhielt einen Stoß, daß er gefallen wäre, wenn ihn nicht zwei seiner Genossen gestützt hätten. Sie murrten, aber sie schienen doch die Führerschaft des Schwarzen anzuerkennen, der mit seinem von der Sonne verbrannten, von Narben durchfurchten Gesicht auch wild genug aussah.

»Ich bin Bob Leighton, der schwarze Leighton, daß Ihr es wißt, Mann. Es ist Krieg zwischen Rot und Weiß, und wir haben gehört, Ihr wollt nicht mit uns kämpfen. Wir haben gehört, die Roten haben Euch ihren Schutz zugesagt, Mann.

Wir kommen, Euch zu sagen, daß jeder ein Verräter ist, der nicht mit uns ist. Und daß wir jeden so behandeln werden, wie er es verdient.«
»Jawohl«, brüllte einer, der sich wohlweislich im Hintergrund hielt: »Verräter gehören an den Galgen. Seht Euch vor, daß Ihr nicht bald hängt . . .«
»Ruhe, du verdammter Narr!« schrie Leighton seinen Genossen an. Er war offenbar der nüchternste von allen. Und er fuhr fort:
»Wir haben heute zwölf Rote erledigt, und wir werden auch mit Euch fertig, wenn Ihr vergessen solltet, daß Eure Hautfarbe weiß ist.«
Der Bauer, der sich bisher beherrscht hatte, da er es ja mit Betrunkenen zu tun hatte, sprang auf – er war nicht kleiner als Leighton – und brüllte nun den Schwarzhaarigen an:
»Wen habt Ihr ermordet? Zwölf Rote? Heraus mit der Sprache, wo ist das geschehen?«
Bob Leighton blieb unerschüttert stehen, aber seine Gefährten waren unwillkürlich einige Schritte zurückgewichen, als der mächtige Körper Wagners plötzlich vor ihnen aufwuchs. Jetzt rotteten sie sich murrend zusammen. Bob Leighton jedoch, der fühlen mochte, daß sie in diesem Zustand von Wagner und seinem Bruder den Kürzeren ziehen würden, machte eine Gebärde zu schweigen. Aber bevor er es verhindern konnte, kreischte der, den er vorher Ben genannt hatte, mit heiserer Stimme:
»Das war bei Greathouse, dem Schankwirt. Zwölf Indianer! Wir dachten, es sei besser, daß wir uns davonmachten, als wir fertig waren. Aber Greathose, das ist ein Kerl. Er schmiß sie alle in den Fluß und blieb bei seinem Hause. Der geht nicht fort. Ha, wie die Weiber geschrien haben –«, lachte er.
Der ganze Haufen brüllte, grölte, lärmte jetzt durcheinander: »Das war eine Schlacht, boys . . .« »Das war Rache für Cresaps Leute!« »So soll es allen diesen Hunden gehen –«

Friedrich Wagner, dem einen Augenblick lang ein fürchterlicher Verdacht gekommen war, fühlte sich beruhigt: Greathouse war immer Logans Freund gewesen, es konnte sich also nicht um Logan oder dessen Angehörige handeln. Er wäre zusammen mit Tecumseh mit diesem Gesindel auch fertig geworden. Schon den ganzen Tag über hatten ihn unklare, trübe Ahnungen geängstigt, und als er jetzt die Grundlosigkeit seiner Befürchtungen erkannte, fühlte er sich so erleichtert, daß der Tod von zwölf Indianern zunächst weiter keinen tieferen Eindruck auf ihn machte.
Ganz freilich wurde er seine Sorge nicht los; es schien ihm auch, als ob es dem Schwarzhaarigen bei dem Gelächter seiner Freunde nicht ganz wohl war. Er begann sie fortzudrängen, fast als fürchtete er, sie könnten etwas verraten. Er schrie sie rücksichtslos an, einen Widerspenstigen schlug er mit der Faust kurzerhand nieder – das wirkte. Murrend, johlend verzog sich der Haufen in die Richtung nach der Siedlung am Blauen Fluß.
Bevor der schwarze Bob unter die Bäume trat, rief er noch einmal mit drohend erhobener Faust: »Ihr seid gewarnt, Mann, nehmt Euch in acht!«
Drei seiner Genossen schwankten daraufhin unter den Bäumen noch einmal hervor und riefen ein paar Schimpfworte. Dann nahm jeder einen Schluck aus seiner Whiskyflasche und zog laut lachend den anderen nach.
Kaum waren die sieben Männer endgültig nicht mehr zu sehen, da erhob sich Hinnerk, der bis dahin mit geballten Fäusten schweigsam dagesessen hatte, und sagte finster: »Ich gehe ihnen nach.« Er schritt in den Wald an einer Stelle, die etwa zweihundert Meter weiter nach Süden lag; im Walde ging er dann an seinem Rand vorsichtig bis dorthin, wo die Schar verschwunden war.
Sein Bruder aber ging in entgegengesetzter Richtung auf die Lichtung hinaus. Dort sah er dicht am Walde sein Söhnchen spielen, am Eingang zu einem felsigen kleinen Seitental. Und er erinnerte sich, daß er dort vor zwei Tagen die Spur

eines großen Bären gesehen hatte. Die Bären griffen ja Menschen im allgemeinen nicht an, aber wie sie es mit Kindern hielten, das wußte er nicht. Er beschleunigte seine Schritte.

Bären

Während die Landstreicher vor dem Hause des deutschen Bauern lärmten und drohten, saßen Logan und Tecumseh auf einem gestürzten Urwaldriesen am Rande des Waldes, durch Gebüsch ein wenig verborgen, und beobachteten schweigend, was da vor sich ging. Sie konnten trotz der Entfernung bemerken, daß die Haltung der fremden Männer recht drohend war, und wenn es zu einem Kampf gekommen wäre, hätten die Brüder unvermutet sehr nachdrückliche Hilfe bekommen.
Unnötig aber wollte der Irokese sich nicht zeigen, obwohl der heißblütige Tecumseh vor Kampflust glühte. Logan wußte, daß der Krieg unvermeidlich war. Der Gouverneur hatte alle Forderungen Cornstalks abgelehnt, und der Cayuga ahnte, daß Lord Dunmore die Grenzer bereits entsprechend verständigt hatte. Zeigte er sich den sieben Jägern dort, so war ein Kampf unvermeidlich; gut genug kannte er die Grenzer. Blieb er versteckt, so war zu hoffen, daß es bei drohenden Reden blieb. Und der Verlauf der Ereignisse gab ihm recht.
Als dann die Waldläufer dem Walde zugingen, wandte sich die Aufmerksamkeit des Häuptlings, dessen furchtbares Geschick sich um diese Stunde schon erfüllt hatte, dem Spiele des kleinen Fritzel zu, der, wenige Meter von ihm entfernt, an einer Waldecke einen Igel entdeckt hatte und dem fliehenden Tiere jauchzend nachlief. Das borstige

kleine Vieh rollte sich zusammen, und nun saß das Kind atemlos und aufgeregt vor der rätselhaften Kugel, die eben noch vier flinke Beine gehabt hatte, und führte lange Gespräche mit ihr.

Logan dachte an seinen eigenen Jungen, der auch so blond wie der kleine Wagner, aber etwa vier Jahre älter war. Es ist hier einzufügen, daß der Irokese ein Halbblut war. Sein Vater war als kleines Kind von den Oneida bei einem Überfall auf eine französische Familie, die es mit den Huronen gehalten hatte, geraubt worden, und war, ganz in indianischen Sitten erzogen, unter diesem irokesischen Stamme aufgewachsen. Er hatte als junger Mann eine Mohikanerin geheiratet, deren Familie sich aus dem Zusammenbruch dieses Stammes zu den Oneida-Irokesen gerettet hatte. Das Kind der beiden war Ta-ga-ju-tah, der später den Namen John Logan annahm. So erklärt sich seine friedfertige, den blutdürstigen irokesischen Anschauungen so sehr widersprechende Gesinnung leicht aus dieser Mischung gutmütigen, gemütlichen, französischen Blutes mit dem eines der stolzesten und hochherzigsten indianischen Stämme. Logan selbst, der später zu den Cayuga-Irokesen übergetreten war, hatte nach dem Tode seiner ersten indianischen Frau ein weißes Mädchen geheiratet. Seine weiße Squaw war vor zwei Jahren gestorben, aber der Ehe mit ihr entstammte »Die Kleine Gute Sonne«, sein blondlockiger Sohn, der kaum noch indianisches Wesen an sich hatte, wenn er auch — sonnenverbrannt und in Leder gekleidet — einem vollblütigen Indianerjungen völlig glich, solange man das blonde Haar nicht beachtete.

Logan dachte, während er Friedrich Wagners Söhnchen beobachtete, lächelnd an seinen Knaben, den er in wenigen Tagen wiederzusehen hoffte. Er hatte Tecumsehs Bruder Ten-squa-ta-wa zu seinen Angehörigen am Yellow-creek mit dem Befehl entstandt, sofort nach der Shawano-Stadt Chillicothe aufzubrechen. Wenn Logan auch auf keinen Fall am Kriege teilnehmen wollte, so wußte er doch, daß in solchen Zeiten für einen Indianer nur fern von den Weißen Sicherheit war. Er wollte den Kämpfen nach Norden ausweichen, und er hoffte, seinen Freund Wagner bewegen zu können, mit ihm zu gehen. Deshalb vor allen Dingen hatte er auf der Rückkehr von dem Gouverneur zu den Shawanos den Umweg zu seinem Hause gemacht.

Während er noch über die Worte nachsann, mit denen er Wagner von der Gefährlichkeit seiner Lage überzeugen wollte, waren die nie ruhenden Sinne des walderfahrenen Jägers dennoch auf der Wacht. Und plötzlich stand der Häuptling auf, schlüpfte lautlos einige Schritte am Waldrand entlang und horchte dann bewegungslos in das Gehölz hinein. Sein junger Begleiter, aufgeschreckt, folgte ihm wie ein Schatten. Sie standen wie Bildsäulen. Wenige Augenblicke genügten dem Häuptling: das war das quiekende Grunzen eines sehr jungen Bären. Und wo ein Junges ist, ist die Mutter nicht weit. Die Geräusche kamen aus der Richtung, in der das Kind spielte. Und nun hörte sie es auch hell aufjauchzen: wieviel Wunder gab es an diesem Tage ... noch so ein komisches Tier!

Die beiden Indianer waren mit einigen Sätzen an der Waldecke, und nun sahen sie auch den Knaben wieder, der neugierig, aber doch in respektvoller Entfernung auf ein Bärenjunges starrte, das etwa die Größe eines mittleren Hundes hatte und täppisch auf der Lichtung umherwalzte. Inzwischen war auch Friedrich Wagner herangekommen. Er sah die beiden Indianer nicht, wohl aber den kleinen Bären. Und er dachte dasselbe wie der Häuptling: Wo ein Junges ist, ist die Mutter nicht weit. Blitzschnell überlegte er: schießen konnte er nicht, das hätte die alte Bärin herangerufen, und er hätte ihr mit ungeladenem Gewehr gegenübergestanden; ein Messer hatte er nicht bei sich — aber den willkommenen Braten wollte er sich auch nicht entgehen lassen.

Er riß seinen Knaben zurück, drehte sein Gewehr um und schmetterte den Kolben auf das junge Tier nieder, das ihn aus kugelrunden Augen verdattert anstarrte. Aber auch kleine Bären sind schon sehr geschmeidig: das Tier wich im letzten Augenblick zur Seite, der Kolben schlug mit voller Wucht auf den großen Felsblock, auf dem der junge Meister Petz saß, und zersplitterte. Nur die Vordertatze des Bärenjungen wurde getroffen. Der erschrockene kleine Kerl aber stieß entsetzte, quickende Töne höchster Angst aus.

Wagner starrte verblüfft auf den Gewehrlauf; er konnte von Glück sagen, daß die Büchse sich nicht entladen hatte. Und dann wurde er sich dessen bewußt, daß er waffenlos war. Schon hörte er auch ein gefährliches Brummen aus dem Walde, hörte Zweige brechen, ein dumpfes Geräusch wie von einem beiseite geschleuderten großen Stein — da nahm er seinen Jungen auf die Arme und rannte aus Leibeskräften seiner Hütte zu. Es ging um das Leben. Mit Entsetzen fühlte er: wenn die Bärin ihn verfolgte, war er mit seinem Kinde verloren. Ein gereizter Bär holt den schnellsten Läufer ein. Darum brüllte er immer wieder aus vollster Kehle den Namen seiner Frau: sie sollte ihm mit einer geladenen Büchse entgegenkommen. Nach einiger Zeit erst wagte er sich umzusehen, und was er sah, ließ ihn sofort stillstehen. Logan hatte Wagner nicht angerufen, denn damit hätte er die Bärin nur auf sich selbst aufmerksam gemacht. Sie brach aus dem Walde heraus, eilte auf ihr jammerndes Junges zu und beschnüffelte erschrocken und wütend die blutende, verstümmelte Tatze des immerfort gellend schreienden Tieres.

Aber bevor sie sich nach dem Feinde umsah, der ihr Kleines verwundet hatte, stand der Häuptling hinter ihr. Er hatte seine Büchse Tecumseh in die Hand gedrückt, mit einer gebieterischen Gebärde seinem jungen Freunde befohlen, im Walde zu bleiben, und war mit drei Sätzen in den Rücken des großen Tieres gelangt. Er beugte sich über sie, griff mit der Linken hart in das Fell, als suche er die richtige Stelle, und stieß ihr das lange Jagdmesser zweimal,

dreimal mit voller Kraft zwischen die Rippen. Dann riß er das Messer heraus und sprang zurück.
Das mächtige Tier brüllte fürchterlich auf, drehte sich seinem Feinde zu und wollte sich auf die Hinterpranken erheben. Da schwanden schon seine Kräfte. Es kam nicht mehr ganz hoch und fiel mit einem schwachen Grunzen wieder zurück. Fauchend versuchte es noch einmal, sich aufzurichten, aber es sank zusammen.
Logan stand, das blutige Messer in der Hand, vorgebeugt da, bereit, noch einmal zuzustoßen, aber das Tier rollte jämmerlich stöhnend und brüllend auf die Seite, schlug mit den Pranken wild um sich, bis es schließlich leblos liegen blieb. Das Messer war ihm ins Herz gedrungen.
Doch der Häuptling hatte keine Zeit, sich seines Erfolges zu freuen. Er hörte ein wildes Schnaufen hinter sich aus der Richtung, aus der die Bärin gekommen war, und als er sich umwandte, sah er einen ungeheuren Schwarzbären in dem schlendernden Trott herannahen, der diesen Tieren eigen ist. Sie waren auf eine richtige Bärenfamilie gestoßen (denn nicht in allen Fällen hält sich der Bär bei der Bärin und den Jungen auf).
Logan verlor die Ruhe nicht. Er rief Tecumseh zu: »Mein junger Bruder, achte darauf, wie der Häuptling der Cayuga diesen Bären tötet. Du wirst viel lernen.« Dann zog er das zweite Messer aus dem Gürtel – Logan hatte stets zwei Messer bei sich, und Tecumseh erkannte jetzt den Grund dafür – und nahm es in die linke Hand, faßte es jedoch bei der Spitze der Klinge.
Der Bär biß im Herankommen wütend und knurrend links und rechts in die Erde, in Steine, wie das manche Bären tun, wenn sie den Menschen annehmen. Als er nahe genug war, sprang ihm der Cayuga mit dem gellenden Kriegsruf der Irokesen entgegen, beide Arme dabei in dic Luft werfend.
Das Tier hielt verblüfft an, dann richtete es sich mit bösartigem Knurren und tückisch blinzelnden Augen auf den

Hinterpranken auf, entblößte fletschend sein mächtiges Gebiß und machte einige Schritte auf den Indianer zu. Das Wurfmesser, aus der herabhängenden linken Hand geschleudert, blitzte auf, durchbohrte von unten her den Unterkiefer des Angreifers, zerschnitt seine Zunge – und vor Schmerz gellend aufkreischend, schlug der Bär beide Vorderpranken an seinem Maul zusammen. Diesen Augenblick benutzte der Indianer – er umsprang seinen Gegner mit zwei Sätzen, schon stand er hinter ihm, griff wieder mit der Linken in seinen Pelz, setzte mit der Rechten das Stoßmesser an und stieß zu. Bis an den Griff drang das Messer ein; der Irokese zog es halb heraus und stieß es noch einmal nach. Dann brachte ihn ein Sprung aus der Nähe seines Feindes.

Das Tier, den Schmerz in der Zunge weit stärker empfindend als den Stich ins Herz, wankte auf den Hinterbeinen stehend längere Zeit hin und her. Er hielt sich wie ein Mensch mit den Vorderpranken die Kiefer, jammerte und winselte und wiegte sich rhythmisch von rechts nach links, von links nach rechts. Der Feind war verschwunden. Das Blut im Maul, der ungeheure Schmerz in der Zunge hinderten den Bären am Wittern. Immer noch schwankte er – dann brach er zusammen und regte sich nicht mehr. – –

Tecumseh hatte mit gespanntestem Interesse jede Phase des kurzen Kampfes verfolgt – jetzt richtete er sich aufatmend aus seiner vorgebeugten Stellung auf und trat aus dem Walde heraus.

Friedrich Wagner hatte sein Söhnchen ins Haus geschickt, kam heran und drückte dem Häuptling die Hand: »Logan, du hast zum zweitenmal mein Kind gerettet.«

Der Irokese beugte sich hinunter und gab dem Bärenjungen den Gnadenstoß, dann fragte er, was die weißen Landstreicher vorhin gewollt hätten. Aber der Bauer antwortete nicht darauf; er betrachtete mit wortlosem Staunen die mächtigen Körper der beiden Tiere, befühlte ihr Fell –

und als jetzt Tecumseh mit glänzenden Augen zu ihm trat, da brach er in die Worte aus: »Mein Bruder, welch ein Jäger . . .! Kein weißer und kein roter Mann an der Grenze kann diese Tat vollbringen.«
Der Irokese warf einen prüfenden Blick auf Tecumseh, der sich gerade von der Untersuchung der Unterkieferwunde des zweiten Bären aufrichtete, und sagte nach einer Pause: »Gar mancher weiße Jäger hat ähnliches getan und auch ,Der Fliegende Pfeil' der Shawanos kann es – von diesem Tage an.«
Freudiger Stolz über diese Worte des verehrten Mannes leuchtete in dem Gesicht des jungen Indianers auf; dann antwortete er bescheiden: »Tecumseh wird seine Messer scharf halten.«

Mord

Nun aber wollte der Häuptling Auskunft über die Vorgänge am Hause Wagners und dieser begann zu erzählen, indem er zunächst die Nachrichten weitergab, die Hinnerk ihm aus der Siedlung gebracht hatte. Die beiden Roten hörten mit mühsam beherrschter Erregung zu.
Wagner sprach sehr ausführlich, denn eine angstvolle Scheu drängte ihn, die Mitteilung über die am Hause des Schankwirts Greathouse getöteten zwölf Indianer hinauszuschieben.
Gerade hatte er damit angefangen, da unterbrach er sich und deutete mit der Hand auf die Lichtung: Dort lief ein Indianer, der soeben aus dem Walde gestürzt war, in großen, taumelnden Sätzen auf das Haus zu, als wollte er dort Rettung suchen. Es sah aus, als werde er verfolgt, als fliehe er in hemmungsloser Angst halb bewußtlos vor

einem Feind, der ihm auf den Fersen saß. Er schien am Rande seiner Kräfte zu sein, denn er torkelte eigentlich nur mit vorgebeugtem Oberkörper, nahe am Zusammenbruch.

Die Männer fuhren zusammen, sahen sich an, Tecumsehs Hand umkrallte seine Büchse, Wagner griff unwillkürlich zum Gürtel, als suche er sein Messer. Logan allein übersah sofort die Lage. Wenn der dort verfolgt wurde, dann mußten sie ins Haus eilen und gleichzeitig Hinnerk warnen, der ja noch drüben im Walde war. Im Hause konnten sie sich verteidigen, dort waren auch die Frau und das Kind. Er packte die beiden anderen an den Schultern und riß sie mit einem gewaltigen Ruck mit, in rasendem Laufe vorwärtsstoßend.

Im Laufe stieß er einen langgezogenen, hohen Schrei aus; er schlug sich dabei mit der Hand schnell auf den Mund – das tönte wie eine gewaltige Trillerpfeife. Dieser Schrei mußte sie zwar etwaigen Feinden verraten; aber es war weit wichtiger, Hinnerk zu warnen. Tecumseh mit dem schnellen Verstand des indianischen Jägers begriff sofort und fiel ein – und so liefen sie aus Leibeskräften über das grüne Feld. Tecumseh, der gewaltige Renner, der den Büffel zu Fuß jagte und im Laufen ereilte, bewahrheitete seinen Beinamen »Der Fliegende Pfeil«, unter dem er bekannter war als unter seinem Totem-Namen: er war den anderen bald weit voran.

Natürlich mußte auch der flüchtende Indianer dort ihre Signalschreie hören, aber er war so in Angst oder Verwirrung, daß es eine ganze Weile dauerte, bis er darauf achtete. Dann aber hielt er wie von einer Kugel getroffen an, drehte sich herum – doch als er die heranrasenden Gestalten sah, erschrak er so, daß er fast zusammenbrach. Dann wollte er wieder davonstürmen, aber der Körper trug ihn nur noch schlecht, er mußte völlig erschöpft sein – und nun schrie auch Tecumseh: »Ten–squa–ta–wa! Ten–squa–ta–wa!«

Der Shawano hatte in dem Flüchtenden seine jüngeren, etwa siebzehnjährigen Bruder erkannt, und nun sah auch der, wer die beiden Indianer waren. Da konnte er auch erraten, daß der Weiße kein Feind war. Aber fast schien es, als erschrecke er jetzt erst, denn er hob schreiend beide Arme empor und wankte mit allen Zeichen fürchterlichsten Entsetzens im Gesicht auf die schnell Herankommenden zu. Erschrocken blieb Tecumseh stehen, Logan umfaßte mit einem Blick die Lichtung – nirgends war ein Verfolger zu sehen, auch er hielt an und mit ihm Wagner, den die Ahnung eines grauenhaften Unglücks beschlich.

Wie sah Ten-squa-ta-wa aus! Der junge Mensch war nicht sehr kriegerischer Natur, er gehörte in Chillicothe zu den Stutzern des Dorfes, die es in allen Indianersiedlungen auch damals gab. Sein Anzug blitzte sonst immer von Sauberkeit, sein Haar war stets eingefettet, an den Fersen trug er sonst stets lange Streifen aus Biberfell und seine Waffen waren Schmuckgegenstände, wohl geeignet zu zieren, aber nicht zu töten. Ten-squa-ta-wa trug, als habe er das empfunden, einen gewaltigen Knüppel in der rechten Hand, der er irgendwo im Walde gefunden haben mußte; auf ihn stützte er sich, als er jetzt zitternd auf seine Freunde zukam. Es schien Wagner, als hätten ihn die Kräfte vollends verlassen, seitdem er Logan erkannt hatte. Er stolperte, stürzte hin, erhobt sich, lief ein paar Schritte mit übermenschlicher Anstrengung, die sein gebräuntes Gesicht dunkelgrau werden ließ, er stürzte wieder – und als er nun noch einmal aufstehen wollte, da versagten ihm die Füße endgültig den Dienst. Er wollte auf Händen und Füßen weiterkriechen, auch das ging nicht mehr. Da erhob er den Kopf und stöhnte in kaum verständlichen Lauten: »Mein Bruder – Tecumseh – Tecum–seh – hoo – mein Bruder – Bruder – –«

Sein sonst so wohlgepflegtes Haar hing ihm in wirren Strähnen über die Schultern und ins Gesicht, mit Kletten und abgebrochenen Zweigen bedeckt, sein Lederhemd war zerrissen, zerfetzt, er blutete aus mehreren Schrammen am Kopf, an den Armen und Beinen, sein Beinkleid war an der linken Seite von oben bis unten aufgeschlitzt, und wie er so von unten her wie ein jammerndes, verwundetes Tier mit verdrehtem Kopf auf die Männer schaute, die, einige Schritte von ihm entfernt, mit vorgebeugtem Oberkörper und angehaltenem Atem dastanden, durch sein entsetzliches Schreien und Stöhnen an ihren Platz gebannt, liefen ihm unaufhörlich Tränen aus den weit geöffneten Augen. Es stand ein Grauen, eine Angst ohne Grenzen in diesen Augen, die Augäpfel irrten in ihren Höhlen umher, als wollten sie sich vor einem Anblick verstecken, den sie nicht ertrugen. Aber sie kehrten doch immer wieder zu Logan zurück, um dann, von neuem Schrecken erfaßt, wieder zu fliehen. Und dabei stöhnte, jammerte und heulte er immer wieder nur die Worte:

»Hooo — mein Bruder — hooo — hooo — Tecum—seh — mein Bruder — — !«

Logan faßte sich zuerst; es schnitt ihm eine schaudernde Ahnung durch die Seele. Er selbst hatte Ten-squa-ta-wa, der ihn mit Tecumseh zu Lord Dunmore begleitet hatte, nach dem Yellow Creek entsandt, um dorthin die Nachricht zu bringen, daß der Krieg unvermeidlich war. Vom Yellow Creek mußte Ten-squa-ta-wa kommen! Was war seinen Angehörigen zugestoßen? Was war am Yellow Creek geschehen?

Er schritt auf den schreienden Jungen zu, beugte sich zu ihm hinab und legte die Hand auf seinen Kopf, leise tröstende Worte sprechend.

Ten-squa-ta-wa horchte auf, hob lauschend den Kopf, plötzlich warf er sich aus seiner kriechenden Haltung auf den Boden und verbarg sein Gesicht zitternd in den Armen. So lag er kurze Zeit, bis Tecumseh laut fragte:

»Welches Unglück ist geschehen, o Ten-squa-ta-wa? Erzähle! Wir sind Männer und hören.«

Ten-squa-ta-wa stützte sich jetzt mit einer wilden An-

strengung auf den linken Arm, und halb liegend berichtete er:
»Ich kam zu – deinem Wigwam – am Yellow Creek – es war niemand – da, doch – eine Bot–schaft lag an der – Hütte, daß dein Bruder zu Greathouse gegangen – war, zu dem – Schankwirt am Schwarzen Fluß. Greathouse hatte sie – aufgefordert, zu feiern ein – Fest bei ihm. – Dein Bruder ging – mit seinen beiden Squaws und seinen – drei – Kindern. Und – deinen Sohn und – auch deine – Tochter – hatte er – mitgenommen. Tönende – Stimme – und ihr Bruder, und deine Mutter – und ihre Schwester, o Ta-ga-ju-tah. – Alle waren – gegangen.
Ich lief zu dem Hause des weißen – Mannes, denn – ich wollte ihnen – sagen, daß Ta-ga-ju-tah – zurück–gekehrt ist.
Ich kam zu dem – Hause des Schank–wirts, es ist – ein großer Platz davor, und als ich kam, hörte – ich schießen! Da lief ich – schneller, und da – hörte ich schreien und ich hörte Angst und Furcht – aber die weißen – Männer san–sangen.
Und ich – sah durch die Bäume – und ich sah – alles. Sie hatten – ihnen ein Mahl gegeben und – viel Feu-erwasser, und als sie – trunken waren, da – setzten sie sie in ein – Kanu und ließen – es trei–ben im Waser. Great–house und viele andere – weiße Männer standen am Ufer, und sie schossen, als wenn sie auf die großen, weißen Scheiben schossen. Sie machten ein großes Fest . . .«
Der Indianer, der zuerst stockend erzählt hatte, berichtete nun in keuchender Eile:
»Wenn einer traf, so brüllten und lachten alle. Und der große schwarze Jäger schoß und schoß und schrie: ‚Laßt sie mir'. Sie nannten ihn Bob; seinen Namen habe ich in mir aufbewahrt. Und sie sangen und tranken Feuerwasser und brüllten und schlugen sich auf die Schultern und auf die Schenkel, und sie lachten.
Der Sohn deiner Mutter stand auf im Boot und hob die

Hände und sang zu Nanabozho. Dann traf ihn der große schwarze Jäger in den Kopf, und er fiel in das Kanu.
Und – und – die Kleine Sonne, o Ta-ga-ju-tah – dein kleiner Sohn weinte, und die Sonne leuchtete auf seinem gelben Haar. Da schoß der schwarze Jäger wieder, und die Kleine Sonne fiel in den Fluß.
Und Ten-squa-ta-wa sprang in den Wald und lief in den Wald und lief durch die Bäume, durch den Fluß, durch die Steine.
Keiner ist mehr am Leben, sie sind alle tot.«
Das letzte Wort brüllte er hinaus, dann biß er sich aufheulend in den Arm wie ein angeschossenes wildes Tier sich in die Wunde beißt und blieb wimmernd liegen.
Logan hatte alles gehört und verstanden. Er hob beide Arme empor, als wolle er beten oder fluchen, aber er brach an der Stelle, an der er stand, zur Erde nieder wie ein gefällter Baum, ohne daß ein Laut über seine Lippen kam.
Tecumseh stand mit zwei Schritten vor seinem Bruder, er hatte die Kriegskeule vom Gürtel gerissen:
»Du Schande, du Hund, du zitternde Kröte – hast du kein Messer, keinen Tomahawk, keine Faust ... Konntest du nicht auf sie fallen ...«
Er holte in maßloser Erbitterung über das Benehmen des feigen Bruders zum tödlichen Schlage aus, aber er hielt inne – wie ein Gewitter brach der Gedanke an Rache in ihm aus.
Hatte das Gelbe Haar nicht vorhin von dem schwarzen Jäger erzählt, der Bob Leighton hieß?
Er beugte sich zu Logan nieder, dann faßte er nach seinen Waffen: Büchse, Bogen, die Messer – alles war da. Er duckte sich unwillkürlich wie eine Katze, dann drehte er um und schnellte dem Walde zu, dorthin, wo vor einer halben Stunde die sieben Mörder verschwunden waren. Kaum war er auf dem Büffelpfad, der als Weg zu der Siedlung am Blauen Fluß diente, da fiel er instinktiv in den langsamen Trab des indianischen Jägers, der schnell

vorwärts bringt und doch Kräfte spart. Es setzte sich wie ein Bluthund auf die frische Fährte und er würde sie nicht mehr verlieren.

Mit vorgestrecktem Kopf, Büchse und Bogen in der linken Hand, den Köcher auf dem Rücken, so trabte er dahin. Hinnerk Wagner, der gerade aus dem Walde auf die Signalschreie Logans hin zurückkehrte, schauderte, als er das graue Gesicht Tecumsehs sah, der wortlos vorbeieilte und ihm einen toten Blick schenkte.

Wer vermißt sich zu sagen, was in diesen kurzen Augenblicken in dem jungen Shawano vorging? Es war bisher ein ritterlicher und tapferer Krieger, ein kühner und schneller Jäger, ein treuer und ehrlicher Freund gewesen und hatte sich damit wenig von seinen Rassegenossen unterschieden. Er hatte vor einigen Jahren auch die Weißen bekämpft, aber er hatte sie bisher eigentlich mehr bewundert als gehaßt –.

Als er jedoch auf der Fährte der Mörder dahinlief, mehr von seinem Instinkt, als von der auf dem breiten Pfade kaum sichtbaren Spur geführt, da bohrte sich unaufhaltsam wie ein glühendheißer Strahl der Haß, der schwarze, erbarmungslose Haß immer tiefer in seine Seele. Und mit dem Haß fühlte er in wilder Freude seine Kräfte wachsen, seinen Geist klarer werden, und schon ahnte er, daß er in diesem Kampf mit den sieben weißen Jägern nicht unterliegen würde, in diesem Kampf, in den er sich zunächst nur in blinder Rachsucht hatte stürzen wollen. Das uralte Erbe der indianischen Rasse, der grausame, schonungslose, jede eigene Lebensgefahr grimmig verhöhnende Blutdurst zahlloser kriegerischer Generationen, der schon Cortez fast überrannt hatte, brach an diesem Tage wie feuriger Lavastrom in den genialsten aller Indianer ein, der gelebt hat.

Die körperliche Anstrengung, der Lauf auf dem verstrüppten, von Schlingpflanzen überwucherten Pfad entspannte seinen Geist und machte seinen Körper biegsam wie eine junge Weidenrute.

Ta-ga-ju-tah, der edelste, tapferste Mensch, der Freund der Weißen, der Beschützer und Retter ihrer Kinder, der sein Leben lang alles getan hatte, die Blaßgesichter vor Unglück zu bewahren, der zahllose weiße Gefangene vor dem Martertod bewahrt hatte, der erst jetzt dem erbitterten Cornstalk noch einen letzten Versuch zur Rettung des Friedens abgerungen hatte – das war der Dank der weißen Rasse! Seine Eltern, seine Kinder, alle seine Verwandten von feigen Lumpen erst betrunken gemacht, dann ermordet –.

Greathouse hatte sich immer einen Freund Logans genannt –!

Tecumseh flog wie der Silberlöwe, dessen Namen er trug, geschmeidig, lautlos und blutdürstig durch das Dunkel des Waldes nach seiner Beute, heiße, rote Wut in den Augen. Er setzte über gefallene Bäume, schlüpfte zwischen Schlinggewächsen hindurch, sprang über Löcher im Boden, watete durch einen kleinen Bach. In der rechten Faust ein Messer, den schweren Schädelbrecher in der Schlinge am Handgelenk, Büchse, Bogen, Pfeile – er starrte von Waffen. Und er war ein Meister in ihrer Handhabung, vor allem den Bogen und das Wurfmesser gebrauchte er wie kein zweiter. Wie alle Rothäute hatte er eine Vorliebe für lautlose Kampfarten.

Die Fährte auf dem vielfach gewundenen Pfad wurde immer breiter und deutlicher, die halb betrunkenen Landstreicher dachten an keine Gefahr, das sah er. Keinen Augenblick dachte er an die Gefahr, die ihm selbst drohte. Der Durst nach Rache, endloser, entfesselter Rache allein beherrschte ihn.

Die kleine Schar der Verfolgten war bald eingeholt. Sie hatten sich nicht sonderlich beeilt, an einer Stelle des Waldes hatten sie sogar ein wenig gerastet. Freilich sangen und grölten sie nicht mehr, aber dafür erzählten sie sich laut und prahlend immer wieder ihre Erlebnisse. Dabei lachten sie von Zeit zu Zeit laut auf.

Auch Tecumseh lachte — knirschend. Vorsichtig schlüpfte er immer näher heran, die Windungen des Weges machten ihm, da das dichte Unterholz dann stets sofort die Sicht benahm, die unbemerkte Verfolgung leicht. Er versuchte, sie auf einer geraden Strecke des Pfades zu zählen: ja, es waren sieben Männer. Sie hielten sich nicht dicht beisammen, das war günstig für seine Absichten. Ganz vorn ging der schwarzhaarige Bob Leighton, dicht hinter ihm ein zweiter Jäger. Die beiden wirkten verhältnismäßig nüchtern und schienen die Führer des kleinen Trupps zu sein. In ziemlich großem Abstand hinter ihnen torkelten, mehr als sie gingen, drei Betrunkene, Arm in Arm, und dicht hinter ihnen ging ein Vierter, der sich an ihnen festzuhalten versuchte. Und wieder in ziemlicher Entfernung von diesen vier ging, Tecumseh am nächsten, ein großer, kräftig gebauter Jäger, der keine Zeichen von Trunkenheit erkennen ließ. Es schien fast, als ginge er absichtlich am Ende, um seine grölenden Gefährten zu beschützen.
Der Plan des Indianers war gemacht. Er schlich sich auf unhörbaren Sohlen, jede Deckung benutzend, immer näher heran. Er war ein Panther, der seine Beute beschleicht, und so wenig der Panther den Hirsch warnt, der am Bache steht und trinkt, so wenig warnte Tecumseh seine Feinde, als er jetzt an den letzten heranfederte — die anderen waren um eine neue Biegung des Pfades soeben verschwunden. Er zerschmetterte ihm mit einem einzigen Schlage seiner Kriegskeule den Schädel. Der Weiße fiel zusammen wie ein Sack, er stöhnte nur einmal kurz auf, aber seine Kameraden hörten nichts; sie waren viel zu stark mit ihren grölend vorgebrachten Prahlereien beschäftigt — und Bob Leighton mit seinem Gefährten war weit vorne. Ein heißer Schnitt über die Kehle, wie wenn ein Geigenbogen über die Saiten fährt — der stöhnte nicht mehr.
Tecumseh sprang schon weiter. Der Skalp war ihm sicher. Da hatte er die vier schon wieder vor sich: jetzt erst die

drei, die da Arm im Arm gingen, dann war ihm der vierte, der hinter ihnen ging, auch sicher! Er schob das Messer griffbereit in den Gürtel zurück, warf die Büchse am Riemen über den linken Arm, nahm zwei Pfeile zwischen die Zähne, legte einen dritten auf, schlich ein paar Schritte näher, hob den Bogen, stand, zielte, der Pfeil zischte und drang dem rechten der drei Männer von hinten ins Herz. Das rot befiederte Ende stand wie eine brennende Blume auf dem Lederhemd. Der Getroffene stockte, blieb stehen, die anderen gingen weiter. Tecumseh hatte bereits den zweiten Pfeil aufgelegt, schoß, und während auch dieser Todesbote lautlos die Luft durchschnitt, brach vorn der erste Weiße, eben noch voll betrunkenen Lebens, voll grinsender Genugtuung und mörderischer Prahlerei, in die Knie, ohne zu wissen, was geschehen war.

Der zweite Pfeil traf, er war mit solcher Kraft entsandt, daß er den Leib des Mannes dort links glatt durchschlug; kraftlos, blutbeschmiert schlug er vor dem verwunderten, stieren, mühsam begreifenden Blick des noch Lebenden, aber doch schon Getöteten auf das Laub am Boden.

Noch immer hatten die vier nicht verstanden, was geschah. Zwei sterbende Männer wälzten sich auf dem grünen Pfade, röchelten im Todeskampf und waren nicht mehr zu retten.

»Ben – Mann – wa – was ist – hick – mit dir? Freund, Junge – hick – bleib stehen! Steh auf! Steh auf! Donner– hick – hast du viel gesoffen, Ben!«

Der Sprechende, der an der linken Seite ging und noch unverletzt war, suchte den Niedergestürzten aufzurichten. Da sah er das strömende Blut, drehte sich um, brüllte auf – da hatte auch ihn der Pfeil des Rächers getroffen. Tecumseh hatte nach der Kehle gezielt, um ihn am Schreien zu hindern – und aus dem Ruf wurde nur ein Gurgeln. Noch einmal wollte er schreien, konnte nicht, griff mit den Händen wild in die Luft – und der geschleuderte Tomahawk machte auch diesem Leben ein Ende.

Die drei, die eben noch Arm in Arm gehend sich grölend erzählt hatten, wie sie »Kleinen Fuß«, Logans alte Mutter, durch zwei Schüsse getötet und wie sie nachher des Kanu an Land gezogen hatten, um den Ermordeten die Skalpe zu nehmen — waren tot.

Der vierte, Josua Stamp, ein roher Patron, übrigens der nüchternste der vier, hatte noch den blutigen, weißhaarigen Skalp vom »Kleinen Fuß« in der Hand, den er eben seinen Genossen zeigte: »Ben, Jonny — ein Irokesenhäuptling, das gibt Geld, Boys, mehr als für ein Biberfell — war ein gutes Geschäft, ein sehr gutes Geschäft, zu dem Greathouse uns da geraten hat . . «

Er sah verblüfft auf die drei Gefährten vor sich auf dem Boden, aber er begriff; so schnell es sein Zustand zuließ, drehte er sich um, blickte in den Wald, dann den Weg zurück, den sie eben gekommen waren. Da schrie er, was die Kehle hergeben wollte: »Hilfe! Hilfe!« Er sah hinter einem niedrigen Busche, keine fünf Schritte entfernt, einen geduckten, lauernden Indianer, zwei glühende, rachedürstende Augen, aber sah nicht das Messer, das Tecumseh schon geschleudert hatte. Josua Stamp wollte zur Büchse greifen, da blitzte es in einem quer einfallenden Sonnenstrahl vor ihm auf, er erhielt einen schweren Schlag gegen die Brust, der ihn rückwärts taumeln ließ, er blickte an sich herunter und sah den Griff eines Skalpmessers auf seinem Jagdhemd stehen, links auf der Brust. »So also stirbt man —« dachte er verwundert, da wurde es dunkel um ihn, er hörte nur noch ein ungeheures Rauschen in den Bäumen . . .

Tecumseh, ein rasender Rachegott der dunklen Wälder seiner Heimat, setzte über den gefallenen Körper hinweg, riß ihm dabei das Messer aus dem Herzen und sprang in vier, sechs langen Sätzen bis an die nächste Wendung des Wildpfades, hinter der vorhin Bob Leighton mit dem letzten seiner Genossen verschwunden war.

Er kauerte sich hin und sah durch die Zweige; mit wilder

Genugtuung fühlte er: Angst hatten die weißen Mörder wenigstens nicht. Er sah sie heranrasen, den schwarzen Leighton dreißig, vierzig Schritte hinter dem anderen. Das erste Stöhnen, die ersten Schreie waren ihnen wohl nicht weiter aufgefallen, erst der Hilferuf Josua Stamps hatte ihnen klargemacht, daß ihre Gefährten hier nicht mehr dabei waren, sich das Stöhnen ihrer roten Opfer gegenseitig vorzumachen, sondern daß sie selbst zu Opfern geworden waren.

Als der erste um die Ecke biegen wollte, schnellte Tecumseh empor, gellte ihm den Kriegsruf der Shawanos ins Gesicht – fast wäre der Weiße gegen die Brust des Indianers gestürzt, er prallte zurück, aber die Wucht seines Laufes war zu groß, er taumelte, griff mit den Händen ins Leere, sah mit hervorquellenden Augen eine Indianerfaust durch die Luft fahren und sackte unter dem Messer seines Feindes zusammen. Der ließ sich gleichzeitig zur Erde fallen – keinen Augenblick zu früh: scharf wie ein Peitschenhieb pfiff es an seinem Ohr vorbei, dann erreichte ihn der Knall des Schusses. Bob Leighton hatte gehört, gesehen und geschossen. Die ganze Gefährlichkeit des erfahrenen weißen Grenzers zeigte sich in dieser blitzschnellen Antwort auf den Überfall Tecumsehs.

Der fühlte eine heiße Freude: endlich ein Gegner! Er rollte sich ins Gebüsch und schnellte seinen Körper in einem lautlosen Schwung über das Moos, immer noch das blutige Messer in der Faust. Da krachte es schon wieder. Leighton hatte zum zweitenmal geladen; die Kugel schlug genau dort ein, wo eben noch die Zweige des Strauches unter der Bewegung des Indianers geschwankt hatten.

Der Shawano rührte sich nicht und horchte angespannt, dann brannte es ärgerlich in ihm auf: er hatte den ersten Fehler gemacht. Er hätte aufschreien sollen, wie wenn er getroffen worden wäre, das hätte den Gegner dort drüben zuversichtlicher gemacht und vielleicht zu einer unüberlegten Tat verführt. Das wollte er sich merken! Durch sein

Schweigen zeigte er Bob Leighton, daß er unverletzt und wachsam war!
»Tecumseh hat sechs weiße Mörder erschlagen; wenn der Schwarze ihn jetzt tötet, so wird dennoch der Name des ‚Fliegenden Pfeils' in allen Dörfern der roten und weißen Männer genannt werden.«
Dieser echt indianische Gedankengang gab ihm neue Spannkraft. Er dachte nach und suchte sich in die Lage seines weißen Gegners zu versetzen, der jetzt genau so wie der Indianer völlig regungslos auf der Lauer lag. Keiner von den beiden wußte, wo er seinen Gegner zu suchen hatte. Tecumsehs erster Plan war, sich völlig lautlos auf seinem Platze zu verhalten und zu warten, bis der Weiße sich bewegte. Er war nicht sehr weit von ihm entfernt, das hatte er den beiden Schüssen entnommen. Der Indianer glaubte sogar, das Geräusch von sehr vorsichtigen Bewegungen zu hören, als ob der Grenzer sein Gewehr lade. Aber er war seiner Sache nicht ganz sicher, so geschickt und leise benahm sich der Jäger. Zwar wußte der Indianer: die Geduld der Weißen war nicht groß, einmal würde der da vorn sich schon rühren. Leighton mußte ihn beschleichen oder fliehen.
Und da stutzte Tecumseh: wußte denn der Schwarzhaarige überhaupt, daß er es nur mit einem Gegner zu tun hatte? Würde er nicht vielmehr glauben, seine Gefährten seien von einer ganzen Schar von Rothäuten angefallen worden? Trunkene Männer sind nicht ruhig; sicherlich ahnte er, daß sie, die sich jetzt so still verhielten, tot waren. Eine solche Tat konnte er einem einzelnen roten Krieger kaum zutrauen, er mußte sich also einer Übermacht gegenüber glauben — sicherlich würde der Schwarze, wenn er erst selbst nachdachte, sofort fliehen. Es blieb ihm nur ein Weg: der in die Siedlung am Blauen Fluß. Rechts und links vom Pfad war fast unwegsamer Urwald, den Wald vor sich mußte er voll von Indianern glauben — und Leighton wußte sicherlich, daß die Roten einen Feind, den sie von

vorn nur mit Verlust angreifen konnten, sofort umgingen, um ihn von hinten zu fassen.

Tecumseh schob sich langsam zurück, immer darauf bedacht, nicht das geringste Geräusch hervorzurufen und nach allen Seiten gedeckt zu sein. Das war in dem dichten Unterholz nicht schwer, fast unmöglich aber war es, lautlos zu sein. Auch mußte er damit rechnen, sofort eine Kugel zu erhalten, sobald sich über ihm die Zweige des Gesträuches verdächtig bewegten.

Er mußte neben dem Büffelpfad eine ganze Strecke zurückkriechen, da sich ihm sonst keine Möglichkeit bot, nach rechts auszubrechen. Und über den Pfad zu setzen, das hätte ihn wahrscheinlich verraten. Der kurze Weg kostete ihn eine ungeduldige halbe Stunde, er mußte rückwärts kriechen, sich nach vorn decken, und schließlich war es ja auch möglich, daß der eine oder andere der vorhin Niedergeschlagenen noch lebte – obwohl er seiner Faust sicher war. Fast bis zu ihnen mußte er jetzt zurück. Endlich bot sich eine Lücke im Urwald, er tauchte hinein.

Da furchte sich ärgerlich seine Stirn zum zweitenmal: Warum hatte er sich nicht gleich nach dem ersten Schuß auf Leighton gestürzt, der bei abgeschossener Büchse zu Messer und Beil hätte greifen müssen – und in dieser Kampfart fühlte der junge Shawano sich jedem Weißen gewachsen. Unmutig empfand er seine Jugend und Unerfahrenheit; ein Kämpfer wie Cornstalk, der große Häuptling seines Stammes, hätte sich einen solchen Fehler nicht zuschulden kommen lassen. Wieder dachte er: »Das muß ‚der Fliegende Pfeil' in seinem Herzen festhalten.« Der Indianer glühte: sollte ihm der Mörder der Kleinen Sonne jetzt etwa noch entgehen? Ten-squa-ta-wa hatte doch gesagt, der große, schwarzhaarige Jäger habe die Kleine Sonne, den blonden, siebenjährigen Knaben Logans erschossen! Sein Geist, durch die mühselige Arbeit des Fortschleichens abgelenkt, füllte sich erneut mit grimmigem Blutdurst, mit einem gnadenlosen Haß gegen diesen weißen

Mörder, der da kaltblütig ein kleines Kind, den Sohn einer weißen Frau, einer Angehörigen seiner eigenen Rasse, hingeschlachtet hatte. Und als er an die große Liebe seines verehrten, gütigen Lehrers Logan zu seinem Kinde dachte, dieses Logan, der der friedfertigste Mensch unter allen Bewohnern der Grenze war – da kam wieder die rote Wut in seine Augen.

Es war still im Walde, der warme und feuchte Frühling dieses Jahres hatte alle Zweige des üppig wuchernden, verschlungenen, verstrüppten Unterholzes mit Blättern übersät, das Moos lag grün, feucht und dumpf über den Boden gebreitet, Blumen in sprossender Fülle leuchteten im Dämmerdunkel, große Inseln mannshohen, dicht gedrängt stehenden Rohres, dick verwachsen und miteinander verwoben durch die zähen Ranken der Schlinggewächse, standen steif und starr, von keinem Winde bewegt, da und dort zwischen den riesigen, zwei, drei und vier Fuß dicken Stämmen. Draußen im Freien mochte die trockene Frühlingshitze dieses Tages brüten, hier in den schweren Schatten der Dämmerung war es feucht und kalt. Wasserlachen, kleinen Teichen gleich, standen vom letzten Regen her noch schwarz und trübe. Die mächtigen Kronen der efeuübersponnenen Bäume dieser Ausläufer des Alleghany-Urwaldes ließen kaum einen Sonnenstrahl bis auf den Boden dringen.

Nur wo ein Veteran des Waldes, vom Blitz getroffen oder vom Alter zermorscht, zusammengestürzt war, andere, kleinere Bäume mit sich reißend und unter sich begrabend, wuchtete das Licht des blauen Tages in breiten Bahnen von oben herab. Und dort stieß der fruchtbare, von keiner Menschenhand mißbrauchte Boden neue, junge Stämme wie glänzende grüne Speere zum Himmel. Es dauerte immer nur wenige Jahre, bis eine solche Lücke wieder geschlossen war.

Auch hier war in einer größeren Bodensenkung eine derartige Waldblöße ganz in der Nähe, sie nahm sich der junge

Shawano als Ziel. Bald war er jetzt so weit von dem Büffelpfad entfernt, daß er unbesorgter vordringen konnte. Und immer tiefer führten ihn seine Füße in das Innere des Waldes. Vorsichtig umging er die Waldlichtung, in der ein natürlicher Teich stand, so daß das an seinem Rande wuchernde Gehölz eine ziemlich große Lücke freigeben mußte. Ein kleiner Bach speiste das Gewässer, und in seinem Bett eilte der Indianer jetzt schnell und fast ungehindert vom Gesträuch aufwärts. Er hatte beide Messer wieder im Gürtel, den Bogen zu den Pfeilen in den Köcher gesteckt und die geladene Büchse in der Hand. Nach einem rücksichtlosen Lauf – nein, der Weiße sollte ihm nicht entgehen, knirschte er mit zusammengebissenen Zähnen – verließ er das Bachbett und schwenkte wieder an den Büffelpfad heran. Er kroch dicht unter dem Kamme einer moosbewachsenen Bodenwelle schnell und unhörbar hinauf. In der Nähe des Pfades lag er lange Zeit still, nichts rührte sich, obwohl er mit angehaltenem Atem lauschte. Dann schob er sich die letzten zehn Fuß mit gewandten Bewegungen vorwärts. Er hatte eine sehr günstige Stelle getroffen, der Pfad machte hier eine Wendung in einem stumpfen Winkel, der Indianer lag an seiner Außenseite und konnte ihn nach beiden Richtungen gut überblicken. Von Bob Leighton keine Spur.

Befriedigt fühlte er: auch dieser war ihm sicher. Er mußte an ihm vorbei, wenn er zu der Siedlung wollte.

Der Indianer spähte den Pfad entlang; plötzlich zuckte er zusammen. War das nicht – –? Er sah genauer hin, ließ dann die Augen weiter über das Gras des Weges schweifen, dann sprang er mit einem wütenden Laut auf und beugte sich über die Fußspuren: hier war ein Mann vor kurzer Zeit in großen Sprüngen den Weg entlang gelaufen.

Tecumseh richtete sich auf, seine Faust ballte sich wild um den Lauf seiner Büchse. Noch einmal bückte er sich: ja, der Schwarzhaarige war ihm entkommen. Während er sich mühsam durch das Dickicht gezwängt hatte, war Bob

Leighton auf dem Büffelpfad geflohen. Er mußte jetzt schon dicht bei der Siedlung sein.
Sollte er ihm folgen oder zu Logan zurückkehren? Er stand lange regungslos da, dann wandte er sich zurück zum Kampfplatz.
»Ich werde den Mörder der Kleinen Sonne finden, und wenn er sich auch im Bauche der Erde versteckt. Der Tag wird kommen, an dem er seine Schuld bezahlt.«
Die Indianer kennen den Schwur nicht; aber diese zu sich selbst gesprochenen Worte banden Tecumseh mehr, als wenn er den feierlichsten Eid gesprochen hätte.
Bald war der Shawano bei den Getöteten angelangt. Er nahm ihnen die Pulverhörner, die Kugelbeutel und alle Waffen ab und verschnürte die Beute mit Lederriemen zu einem großen Bündel. Sein Herz erzitterte in wildem Triumph, als er dann den Besiegten auch die Kopfhäute nahm. Noch war er zu sehr in den blutigen Vorstellungen der Grenzkriege befangen, als daß er nicht sein ganz natürliches Recht darin gesehen hätte, den Skalp des getöteten Feindes an sich zu nehmen. Bevor er den Platz verließ, schnitt er noch eine Schlingranke ab und hängte einen der blutbesudelten Pfeile freischwebend über den Toten auf.
»Die weißen Männer sollen wissen, wer ihre Brüder getötet hat.« –
Als Tecumseh nach kurzer Zeit wieder bei dem Hause Friedrich Wagners eintraf, befahl er Ten-squa-ta-wah, eine Tragbahre anzufertigen. Sie legten den noch immer bewußtlosen Logan darauf und wollten finster und ohne Gruß von den beiden Deutschen scheiden. Da fragte Wagner erregt, ob sie ihm eine Schuld an dem Unglück beimaßen, das Logan betroffen habe. Tecumseh entgegnete: »Cornstalk wird sagen, ob ein weißer Mann von heute an noch der Freund der roten Leute genannt werden kann.« Dann gingen sie davon. Nach einer mehrstündigen Wanderung kamen sie an den Fluß; nicht lange, so hatte »der Fliegende Pfeil« das Kanu in seinem Versteck gefunden,

das ihn und Logan schon so oft über den Ohio getragen hatte. Sie legten den Häuptling hinein und fuhren noch vor Einbruch der zweiten Nacht aus dem Monongahela in den Ohio ein.
Wenige Tage später meldete Logan stumpf und gleichgültig dem obersten Häuptling der Shawanos, daß der englische Gouverneur alle Forderungen der Indianer abgelehnt habe.
Darauf ging er aufrechten Ganges bis zu der Hütte, die ihm eingeräumt worden war. In ihrem Inneren brach er zum zweitenmal zusammen. Er fiel in ein hitziges Fieber, das ihn über drei Wochen lang fast stets in Bewußtlosigkeit hielt. Länger noch dauerte es, bis er seine alten Körperkräfte wieder erhielt.

»Die im Rauche gehen«

Der Mord an Logans Angehörigen wurde an der Grenze schnell bekannt, denn Greathouse hatte die Frechheit besessen (und die Vorsicht gebraucht), die Leichen in Booten zu dem wenige Stunden entfernten Wigwam des Irokesen zu schaffen und sie darin niederzulegen, und dort wurden sie gefunden.
Eine Welle der Empörung ging durch die weißen Siedlungen; war den Grenzern auch ein Indianer höchst gleichgültig, so war Logan doch eine Ausnahme. Die Frauen besonders verlangten Bestrafung der Mörder, und alles, was noch ein Gewissen hatte, stimmte mit ihnen überein. Hauptmann Cresap, obwohl sein schlechtes Beispiel erst den Anstoß zu der Tat gegeben hatte, tobte wie ein Besessener; Conolly, der Oberbefehlshaber in dieser Gegend, sandte Cresap einen schweren Rüffel nach dem andern

und schwor, er würde die Rowdies sämtlich hängen lassen. Und Lord Dunmore, der Gouverneur, wurde von seinen Untergebenen in diesen Tagen ängstlich gemieden, denn es war gefährlich, ihm nahezukommen.

Aber die Mörder wurden nicht ermittelt, Bob Leighton und Greathouse mit ihren Kumpanen schwiegen, und die sechs Leichen auf dem Büffelpfad zur deutschen Siedlung am Blauen Fluß schwiegen auch.

Jedoch in den Wäldern nördlich des Ohio war ein gefährlicheres Leben: Die Zaubertrommeln dröhnten in den Dörfern, die Medizinrasseln schwirrten, dumpfe Gesänge schallten an den Abenden über die dunklen Fluten der Flüsse, überall tanzten die Weiber den großen Skalptanz, und die Krieger schärften Messer und Tomahawk. In den kleinsten Dörfern trat der Rat der Alten zusammen, und die Häuptlinge hielten wilde Reden. Propheten zogen von Dorf zu Dorf und predigten den Krieg.

Cornstalk hatte mit glühenden Augen dem Bericht Tecumsehs gelauscht, und als dieser die sechs frischen Skalpe vorwies, da schwand der letzte Groll, den er gegen den jungen Shawano noch hegte, seitdem er ihm einmal — vor vier Jahren — seine Verachtung ins Gesicht geschleudert hatte, weil Cornstalk einen weißen Gefangenen am Marterpfahl hatte foltern lassen. Und der weißhaarige Alte spann sein Netz; über die Wildpfade huschten seine Boten von Wigwam zu Wigwam — die leichten Rindenkanus seiner Sendlinge glitten in den hellen Nächten geisterhaft über die Flüsse und Seen des nördlichen Landes, sie drangen bis in den Muskingum und den Alleghany, sie fuhren den Scioto und die beiden Miamis hinauf und hinab und setzten bis in den Wabash hinüber. Mitschikinikwa der Miami erneuerte im Namen seines Volkes sein Bündnis mit den Shawanos, dic Wendat und die Lenape ergriffen das Beil, und selbst von den Potawatomies, den Sax und Foxes, sogar von den Tschippewa, die nördlich der Großen Seen wohnten, stießen Krieger zu ihm.

Aber zufrieden war der Chef der Shawanos erst, als zwei Späher mit der Meldung eintrafen, die Seneca und Cayuga seien in Aufruhr. Wohl hatten die Irokesen Logan wegen seiner weibischen Gesinnung – wie sie es nannten – verachtet, aber so einfach ermorden ließen sie seine Angehörigen, Angehörige ihres Volkes, denn doch nicht. Giengwatha, ‚der im Rauche geht', der grausige Führer der Seneca, bereitete sich vor, seinen Namen wieder einmal wahr zu machen.

Cornstalk trieb Späher vor in das Land der Weißen; sie schlüpften lautlos um die Siedlungen und um die Blockhäuser, gerade daß ein Grenzer da und dort einmal ein paar wilde Augen im Gebüsch sah. Aber bevor er seine Büchse darauf losbrennen konnte, waren sie verschwunden. Da und dort fand man skalpierte Jäger und Trapper im Gehölz, und nicht selten schwebte ein blutiger Pfeil an einer Schlingpflanze über der Leiche: Tecumseh, von wahnsinnigem Haß getrieben, setzte sein Leben immer wieder rücksichtslos aufs Spiel. Er wütete unter den Weißen wie ein Wolf in einer Schafherde. Am Ohio und am Monongahela brannten die ersten beiden Blockhäuser hoch und noch war der Sturm nicht losgebrochen.

Immer neue Nachrichten sandte der Graue Fuchs vom Scioto in das rote Volk, mit immer neuen Worten peitschten die Propheten die Indianer auf, und als Cornstalk das blutige Beil umgehen ließ, da sammelte sich die gesamte waffenfähige Mannschaft der Shawanos vor Chillicothe. Pünktlich zur festgesetzten Mittagsstunde trafen sie vor dem Dorfe ein, es summte und dröhnte wie in einem Bienenstock in dem Schwarm der bemalten und bewaffneten Männer. Gerüchte tauchten auf, machten windschnell die Runde und erhöhten die Erbitterung. Gerüchte von neuen Gewalttaten der Weißen, von der Absicht des Gouverneurs, alle Indianer hinter den Wabash zurückzutreiben; keiner wußte, woher die Nachrichten kamen, keiner – außer Cornstalk. Und als am Spätnachmittag die Häuptlinge er-

schienen, als der Rat der Alten zusammentrat, lagerte eine kriegslüsterne Menge um sie herum und lauschte gierig den aufpeitschenden Reden.
Als letzter stand Cornstalk auf, fast nackt, nur ein graues Wolfsfell um die Hüften geschlungen, am ganzen Körper schwarz bemalt, mit blutroten Streifen auf Brust und Beinen, und die Büffelhörner im Kopfschmuck.
Es war sehr still, als der alte Häuptling – er kannte seine Leute – in dumpf brüllendem Tone seine kurze Rede mehr sang als sprach. Er schloß mit dem Ruf: »Rache für Ta-ga-ju-tah! Rache für den Raub der Finstern Gründe!«
Und als er tanzend sich der jungen Schwarzeiche näherte, um die sie gelagert waren, und sein Tomahawk splitternd ein langes Rindenstück aus dem Baume riß, da sprang als zweiter Cata-he-cassa auf, den die Engländer Black Hoof nannten, Cornstalks größter Nebenbuhler bis zu diesem Augenblick. Er schlug sein Beil nach Cornstalk in den Baum – und jeder wußte, was das hieß: er unterstellte sich dem Befehl des anderen. Blaujacke, der Hitzkopf, Lä-la-schikah (»Der den Fluß hinaufgeht«), Schwarzer Fisch folgten, und dann war es, als ob ein ungeheurer Bienenschwarm sich zum Flug erhebt: Krieger auf Krieger tanzte singend an den Baum heran und splitterte einen Ast, einen Zweig, ein Stück Rinde nach dem anderen ab.
Die Baumtrommeln dröhnten, die Rasseln klapperten, die Beschwörungen der Schamanen* nahmen kein Ende, und als der Abend hereinbrach, da hatten sich fast fünfzehnhundert Krieger dem Befehl Cornstalks unterstellt, und von der Schwarzeiche waren nur noch Splitter vorhanden. Jetzt gab es keine Beratungen mehr, jetzt galt des Oberhäuptlings Wille – und Schar auf Schar tauchte noch in dieser Nacht in den Wald, jede mit genauem Ziel und Befehl, die meisten zu Fuß, denn die Shawanos waren in der Hauptsache ein Waldvolk; aber nach Süden, nach Ken-

* Medizin-, Zaubermänner

tucky, sandte Cornstalk berittene Leute. Für jedes Dorf blieb eine Anzahl Jäger zurück, die für den Unterhalt der Frauen sorgen sollten und Fleisch auf Vorrat zu beschaffen hatten.

Als der Morgen kam, saß Cornstalk immer noch auf seiner Matte und rechnete: zweieinhalbtausend Krieger stellten die Lenape, nicht ganz zweihundert die Wendat, viertausend mindestens die Miamis: dazu kamen die Freiwilligen aus den nördlichen Stämmen, knapp zweihundert nur, aber nicht die schlechtesten waren zu den Shawanos gestoßen. Wieviel Irokesen sich aufmachen würden, das wagte er nicht zu berechnen. Aber Gieng-watha allein war soviel wert wie ein ganzer Stamm. Der würde sich ihm nicht unterstellen, aber es genügte, wenn er weiße Truppen an den Osten band, um so weniger konnten dann hierher in den Westen kommen. –

Die weißen Leute hatten schon zu hoffen begonnen, daß der Mord an Logans Familie ohne größere Folgen blieb, denn es waren mehr als sechs Wochen seit jenem verhängnisvollen 30. April vergangen. Da brannten an einem Tage am Ohio sechs Blockhäuser über den skalpierten Leichen ihrer Bewohner hoch, und innerhalb einer Woche waren alle Hütten der Weißen im Tale des »Schönen Flusses« in rauchende Trümmer gefallen. Es war der Befehl Cornstalks, daß alle Erwachsenen getötet, alle kleineren Kinder gefangen genommen werden sollten, aber nicht immer machten die blutberauschten, durch ihre eigenen Verluste in Wut geratenen Shawanos vor den Kindern halt. Die Besatzung des kleinen »Forts« an den Schnellen des Ohio wurde durch eine geringe Anzahl Rothäute zu einem Ausfall verlockt, aber kaum waren die dazu bestimmten zwanzig Mann draußen, da wurde jeder Baum, jeder Strauch lebendig, und entsetzt merkten die hitzköpfigen, indianische Kriegskunst hochmütig verachtenden »Langen Messer« die Falle: sie flohen gesträubten Haares in ihr Fort zurück, aber mit ihnen drangen Cata-he-cassa und seine Leute ein.

Keiner von den sechsunddreißig Männern blieb am Leben, und der Name Black Hoofs hatte sich für Jahrzehnte in die Geschichte der Grenze eingegraben.
Nur eine Hütte hielt sich im Flußgebiet des Ohio; sie lag nördlich des großen Stromes in einem Seitental. Und obwohl über fünfzig Rothäute länger als eine Woche um das Blockhaus heulten, vereitelten ihre beiden Bewohner – zwei Deutsche, einer von ihnen ein Sohn des berühmten Netherland – jeden Versuch, das Haus zu nehmen. Mit dem Verlust von annähernd zehn Toten und vielen Verwundeten mußten die Indianer schließlich abziehen.
Sie liefen dem alten Cornstalk in die Hände, der mit seinen beiden Söhnen allein durch den Wald zog. Er hörte ihren Bericht, sandte die Leute wutschnaubend in ihre Dörfer zurück, bestieg ein Kanu und war einen Tag später vor der Hütte angelangt. Eine Woche lag er davor, ohne sich zu zeigen, und die beiden Bewohner begannen schon wieder sorgloser zu werden. Sie wollten ihr Haus nicht verlassen, denn sie hatten viele Felle darin liegen, und warteten auf die Tragtiere, nach denen sie gesandt hatten – und eines Tages wurden die beiden Deutschen, die fünfzig Rothäute abgewehrt hatten, das Opfer dreier Indianer. Netherland trat zuerst aus der Hütte, sah sich vorsichtig um und ging zum Bache. Er beugte sich hinunter und schöpfte Wasser. War das Bett des Baches auch nur flach, ein Indianer konnte sich doch darin verbergen, und Cornstalk lauerte hinter der nächsten Krümmung. Die Lichtung um das Haus bot kein Versteck. Sein Gefährte ging ihm nach, da er ihn unbelästigt sah, und sank, von der Kugel Cornstalks getroffen, nieder. Netherland hörte den Schuß, sah seinen Kameraden am Boden und eilte zu ihm. Er nahm den Verwundeten auf und stürzte zur Hütte. Hinter ihm liefen lautlos die Söhne Cornstalks. Drei Schritte vor der Tür holten sie den Deutschen ein. Zwei Pfeile machten seinem Leben ein Ende.
Die erbeuteten Pelze sandte Cornstalk durch seine Söhne

zu den Tschippewa nördlich der Seen, um dort oben bei einem weißen Händler Pulver und Blei dagegen einzuhandeln.

*

Im Blockhaus des Schankwirts Greathouse war Lärm, Gesang – großer Betrieb. Einige der Jäger, die seit dem Verbrechen an Logans Angehörigen ständig bei Greathouse waren, hatten auf einer weiten Streife vor zwei Tagen einen indianischen Späher aufgespürt. Der Rote, in die Enge getrieben, hatte noch einen Weißen getötet, bevor er durch Kopfschuß fiel. Die rasenden Waldläufer hatten den Körper des Indianers förmlich in Stücke gehauen. Vor zwei Stunden waren sie zurückgekehrt, und seitdem wurde ihr »Sieg« gefeiert.Die Nacht war hereingebrochen, der große Wohnraum in der Hütte wurde nur von einer trübe brennenden, qualmenden Öllampe erhellt; dreizehn Männer saßen teils an zwei langen, roh zugehauenen Tischen, teils auf Balken an den Wand. Der Qualm aus ihren Pfeifen verdüsterte die primitive Schankstube, und die berußten Wände, mit Gewehren, Messern und Hausgerät behangen, gaben der Behausung ein wildes und finsteres Aussehen. Die Tür und die beiden Fensterluken standen weit offen, man fühlte sich hier weit vom Schuß, seit sechs Wochen hatten sich hier keine Indianer sehen lassen, und der rote Späher war ja auch drüben am Ohio aufgestöbert worden. Zudem patroullierten zwei Wachen draußen – – –

Prahlend erzählten sich die Jäger alte und neuere Taten, in einer Ecke wurden Karten gespielt, und das Feuerwasser trug dazu bei, die frohe und lärmende Stimmung zu erhöhen.

Natürlich war der drohende Indianerkrieg Hauptgesprächsstoff; daß er schon ausgebrochen war, wußte man nicht.

Jimmi Cockney, ein beweglicher, kleiner Lump mit frechen Augen und großen Maul, gab der allgemeinen Ansicht Ausdruck, als er schließlich in den Meinungsstreit hineinschrie:

»Ach was, sollen nur kommen, verdammt noch mal: ich habe Kugeln genug –«
»Bravo, Jimmy, bist mein Kumpan! Und wenn es für 'ne Kugel zu nah ist, nimm's Messer!« sagte ein hagerer, finsterer Mensch vom andern Tisch herüber und hob seinen Becher.
»Nun, nun, Boys, nicht so hastig. Die Seneca sollen sich auch rühren«, kam eine bedächtige Stimme aus der Ecke an der Tür. Sie wurde niedergeschrien:
»Hallo, Jock, seit wann klapperst du mit den Zähnen?« – »Die Seneca? Pah – die tun uns nichts.« – »Jawoll, ist weit weg von hier.«
Aber den Vogel schoß wieder Jim Cockney ab:
»Wollte schon lange mal die Seneca kennenlernen –« brüllte er in den Tumult.
Lachend schlug ihm sein Nachbar auf die Schulter: »Du bist'n Kerl, Jimmy, du willst ja wohl Indianerblut trinken statt dem Whisky da –!«
Und Greathouse erhob sich in seiner ganzen, fetten Größe, schlug den leeren Trinkbecher mit einem Krach auf den Tisch, und seine heisere Stimme überschlug sich fast, als er mit schlimmem Grinsen sagte:
»Jawohl, Jimmy, sie sollen nur kommen. Wir sind schon mal mit Irokesen fertig geworden –«
Gelächter, Lärm, wilde Zurufe unterbrachen ihn: – wir geben auch diesmal kein Pardon.« Und mit erhobener, kreischender Stimme:
»Every Indian is a bad Indian, only the dead Indian is a good Indian!«*
Einen Augenblick war Stille – draußen vor dem Fenster war ein leises Geräusch, als knirsche jemand mit den Zähnen, als schwirre die Sehne eines Bogens, der gerade gespannt wird, aber niemand achtete darauf –, dann brach

* »Jeder Indianer ist ein schlechter Indianer, nur der tote Indianer ist ein guter Indianer!«

ein tosender Beifall los. Dieses niederträchtigste Schlagwort, das je in einem Lande gebraucht worden ist, brachte gleich hier, als es zum erstenmal auftauchte, jene Wirkung auf alle niedrigen Instinkte seelisch verlumpter Menschen hervor, die es später überall an der Grenze haben sollte.

»Das war ein Wort!« »Sag's noch mal, Georgie!« – »Verdammt noch mal, so'n Wirt, der kann's!« – »Bravo, Georgie, das war mir aus der Seele geflucht!« – »Tod allen Indianern!«

Jimmy Cockney sprang auf einen Tisch: »Three cheers for Greathouse!« Und er versuchte den Ausspruch des Schankwirts zu wiederholen: »Every Indian is a bad Indian... kann's nicht, Männer – Wie war's Georgie? Sag's noch mal... Every Indian...«

Auch die übrigen wollten den Ausspruch noch einmal hören. Und der Wirt, ein schwerer, dicker Mann mit gerötetem Gesicht, geschmeichelt von dem Erfolg seiner Worte, stützte sich mit beiden Händen auf den Tisch und sagte in die erwartungsvolle Stille hinein mit einer fetten Stimme, als ob etwas Weiches auseinanderplatze, langsam und mit Betonung jeder Silbe:

»Every Indian is a bad Indian, only the dead In – – –«

Die Stimme erstarb in einem Gurgeln, die Hände des Wirtes fuhren an seine Kehle:

»Hi–Hi–Hilfe –« röchelte er, ein Blutstrom brach aus dem Halse heraus, und Greathouse sank auf die Bank zurück.

Entsetzt fuhren die Männer hoch, die Gegenübersitzenden sahen das rot befiederte Ende eines Indianerpfeiles auf dem quellenden Fleisch des Halses zittern. Und neben Greathouse sank schreiend ein Zweiter zusammen, ebenfalls von einem Pfeil durchbohrt.

Ein unbeschreiblicher Aufruhr entstand, die Tische wurden umgerissen, die Becher, Trinkkannen, Würfel rollten auf den Boden, die Männer stürzten zu ihren Waffen, griffen zu Messer und Tomahawk im Gürtel, Cockney sprang mit

einem wahren Panthersatz vom Tisch hinunter in eine dunkle Ecke.
Da dröhnte ein tiefer Baß in den Raum herein:
»Revenge for Logan!«*
Und zwei andere Jäger schrien auf, zwei neue Pfeile waren durch die offene Fensterluke geflogen. Der eine der Getroffenen griff sich ans Herz und sank zusammen, den anderen hatte eine plötzliche Bewegung gerettet, er war nur am Oberarm verwundet.
Wieder tönte der tiefe Baß, und ein unersättlicher Haß sprach aus ihm:
»Revenge for Logan!«
Ein langer, schwarzhaariger Kerl sprang vor und schmetterte mit einem Schwunge seines Gewehrkolbens die Lampe zu Boden, es war mit einem Schlage dunkel im Raum.
Da aber schrie, da brüllte eine indianische Stimme draußen vor dem Fenster, entsetzt und doch wie in wildem Triumph ein paar Worte: »Nogsaha, magkate-wekingeh atathia!«**
»Drauf auf die Hunde!« brüllte Jimmy Cockney, Poltern, Fluchen – und die Männer rannten zur Tür hinaus ins Freie.
Doch den beiden ersten zerschmetterten zwei Kriegskeulen die Schädel, sie brachen zusammen wie Säcke. Der schreckliche Irokesenschrei gellte den Weißen in die Ohren, sie prallten entsetzt zurück, ein Schuß krachte – und dann rief eine tiefe Stimme: »Zurück ins Haus! Verrammelt die Tür!«
Es war Jock, den sie vorhin wegen seiner Seneca-Furcht verhöhnt hatten. Sie folgten – die Tür flog zu, Balken waren im Nu vorgeschoben, die beiden Fensterluken verschlossen . . .
Atemlose Stille.
Ein wilder, jammervoller Schrei, der Todesschrei eines Menschen, erscholl draußen vor der Tür:

* Rache für Logan!

** »Mein Vater, der schwarze Krieger« (Algonkin-Dialekt)

»Hilfe! Hilfe! Um Gottes Willen, Hilfe!« und die Stimme brach plötzlich ab. Wieder tödliches Schweigen. Die Männer im Hause keuchten.

Dann sprach Jock, aber seine Stimme konnte ein Zittern nicht verbergen:

»Stellt euch an die Wände und sagt eure Namen!«

Langsam kamen die Antworten:

»Jonny Swamp —« — »Eins«, zählte Jock.

»Tim Rollie —« — »Zwei.«

»Jimmy Cockney —« — »Drei.«

»Dan Ridge —« — »Vier.«

»Tom O'Neill, leicht verwundet am Arm —« »Fünf.«

Eine Pause. »Weiter!« murmelte Jock Lawn.

Schweigen.

»Niemand mehr da?« fragte er angstvoll.

Wieder kam keine Antwort. Nach langem und schwer lastendem Schweigen murmelte Jock vor sich hin: »Fehlt Greathouse, Harry Bowman, fehlt dein Bruder, Danny Ridge, die liegen hier in der Hütte. Macht drei Mann. Fehlt Jonny Todd. Macht vier Mann. Fehlen Bob Leighton, Bob Sandy. — Wer war's, der vorhin draußen schrie?«

»Joe Temple — «flüsterte bedrückt Jonny Swamp.

»Macht sieben Mann Verlust«, sagte, immer noch nach Ruhe ringend, Jock Lawn. »Männer, das war ein Irokesenstreich. — Wer hat geschossen?«

»Ich, Jimmy Cockney«, kam eine fast schluchzende Antwort.

»Jonny und Tim, schießt noch einmal — müssen die Wachen warnen — wenn sie noch leben. Schießt nacheinander zu den Luken hinaus.« —

Es wurde eine qualvolle Nacht, und obwohl die kampfgewohnten Grenzer bald ihre finstere Entschlossenheit wiedergewonnenn haten, so war die tödliche Stille, die draußen herrschte, doch geeignet, auch Nerven aus Stahl und Eisen zu brechen.

Und zudem wußten sie nicht, ob sie es mit zehn, hundert

oder gar mit noch mehr Indianern zu tun hatten. Nur das eine wußten sie: es waren Irokesen. Aber der Schrei war aus einem einzigen Munde gekommen – warum hatten die andern Roten nicht auch geschrien? Das war doch ganz gegen ihre Gewohnheit ...

Die Männer wußten mit der Lage nichts anzufangen, das machte sie unruhig und bedrückt, und sie atmeten alle auf, als es dämmerte und der erste, ungeduldig erwartete helle Schein durch die Spalten ins Gebälk fiel. Vorsichtig erweiterten sie an mehreren Stellen die Zwischenräume zwischen den Stämmen.

Noch immer rührte sich draußen nichts.

Die Hütte stand auf dem höchsten Punkt einer Rodung am Monongahela, dessen Fluten sich etwa dreißig Schritte* entfernt dunkel und schwer wie immer vorbeischoben. Auf zweihundert Schritte im Umkreis bot kein Hügel, kein Graben, kein Baumstumpf einem Indianer die Möglichkeit, sich zu verstecken. Sorgfältig war nach der Sitte der Grenzer jede Erhebung eingeebnet worden und über eine so weite Entfernung war sogar ein Schuß Daniel Boons unsicher, wieviel weniger brauchte man da die Kugel einer Rothaut zu fürchten.

Das Blockhaus war, wie die meisten dieser Grenzerhäuser, etwa zwölf Fuß hoch** und hatte ein flaches Dach. Das Aufsetzen eines Giebeldaches wäre ohne eiserne Nägel kaum möglich gewesen, und ein Nagel war sündhaft teuer hier in den Wäldern.

Nirgends sahen die spähenden Augen der Wabkiloketa*** einen Indianer auf der Rodung, so scharf sie auch nach allen Seiten Ausschau hielten.

Der Morgen kam. Die weißen Männer hatten auf die Wachen gehofft. Aber erneutes Entsetzen befiel sie, als sie

* Doppelschritte; ein Doppelschritt = 1,50 Meter
** 3,60 Meter
*** Blaßgesichter (Algonkin-Dialekt)

im heller werdenden Lichte nach dem Ufer des Flusses sahen . . . Dort lag ein menschlicher Körper, sie erkannten ihn an der Kleidung: Das war Fischer. Und auch auf der anderen Seite, dort, wo früher der Traubenkirschbaum gestanden hatte, sahen sie einen liegen.

»Irokesenarbeit, Jim Cockney. Du wolltest sie noch gestern kennenlernen —« sagte düster Jock Lawn.

Aber wie sie auch nach allen Seiten durch die Spalten im Gebälk spähten, nirgends sahen sie auch nur die Fußspur eines Indianers.

»Das sind neun Mann mit den Wachen«, zählte geistesabwesend Jim Cockney. »Aber wo sind die roten Teufel?« schrie er dann wütend.

»Langsam, Junge, langsam — Irokesenarbeit, ich sagte es schon. Wette, daß sie schon über alle Berge sind. Neun Mann, und sie haben keinen Blutstropfen verloren. Macht die Luken auf und die Tür. Es hat keine Gefahr mehr. Und schneidet noch ein paar Löcher in die Wände, daß wir schießen können, wenn sie wiederkommen sollten. Wollen nicht unvorsichtig sein.«

Sie stießen die Luken und die Tür auf und traten behutsam ins Freie.

»Wollen nachsehen, ob noch Leben in den dreien ist. Und keiner geht mehr als zwanzig Schritte von der Hütte weg. Schon möglich, daß sie doch noch am Waldrande lauern!«

Die bedächtige Ruhe Jock Lawns und seine vernünftigen, dabei ohne Anmaßung vorgebrachten Ratschläge hatten ihn zum stillschweigend anerkannten Führer gemacht.

Der Morgen war klar und sonnig, es versprach ein schöner Sommertag zu werden. Die Jäger waren heilfroh, aus der Hütte und aus der Gesellschaft der drei Toten gehen zu können.

Auf Geheiß von Jock Lawn suchten zwei der Männer vorsichtig die Umgebung des Hauses ab, während die übrigen mit schußbereitem Gewehr dastanden, falls doch irgendwo ein Indianer verborgen sein sollte. Man übersah, wenn man vor der Hütte stand, die ganze Rodung, und was sie schon vorher gewußt hatten, bestätigte sich: es war kein Roter mehr in der Nähe. Nur – auf das Dach konnten sie vom Erdboden nicht hinaufsehen ... und dort, über ihren Köpfen, lagen regungslos zwei Gestalten. Was Tecumseh vor vier Jahren schon einmal im fernen Kentucky glücklich ausgeführt hatte, versuchte er hier von neuem. Und der andere der beiden Indianer war – Logan. Er hatte seine Krankheit überwunden; aber aus dem gütigen, milden Mann war ein reißendes Tier geworden. Das indianische Blut hatte sein weißes Herz übermannt, und er hatte nur noch einen Gedanken, nur noch ein Ziel: Rache. Kaum hatte Logan seine Kräfte einigermaßen wiedererlangt, so brach er zum Hause des Schankwirts auf, der sich immer seinen Freund genannt hatte. Die Wasser des Ohio schäumten unter den Schlägen seiner Paddel auf, und vor seiner wilden Fahrt den Scioto hinab und den Monongahela hinauf wurde noch nach Jahren in den Dörfern der Rothäute gesprochen. Tecumseh, der wußte, daß der Irokese einmal kommen würde, hatte schon seit Tagen vor der Hütte auf der Lauer gelegen, und als Logan eintraf, hatte er ihn sofort bemerkt. Der junge Shawano hatte bereits einen Plan; Logan aber lehnte alle Vorschläge ab und wollte sich ohne Umschweife zwischen die Weißen werfen und Greathouse vor den Augen seiner Feinde erschlagen. Tecumseh hatte etwas Ähnliches erwartet, und seine Antwort darauf war schon vorher fertig gewesen. »Mein Vater, dann werden die anderen Mörder entkommen.«

Der Häuptling stutzte, zögerte – und dann willigte er ein. Bei Anbruch der Nacht überfielen sie die beiden Wachen, deren Patrouillengänge Tecumseh genau beobachtet hatte, und machten sie nieder. Der eine hatte um Hilfe gerufen – Logan in seinem Rachedurst war zu unvorsichtig gewesen –, aber die Männer im Blockhaus lärmten so, daß sein Schrei ungehört verhallte. Beim Überfall auf die Hütte wählten sie Pfeile, weil sie damit schneller schießen konnten, denn die Schießgewehre von damals waren höchst umständlich zu laden. Als die Lampe ausgelöscht wurde, erkannte der Shawano in dem langen, schwarzen Kerl Bob Leighton, den er bis dahin nicht hatte sehen können, da er dicht an der Wand gesessen hatte, und den er auch in den Tagen vorher nicht bemerkt hatte. Vielleicht war er auch erst heute bei Greathouse eingetroffen ... Die unvermutete Begegnung erfüllte den Indianer mit Wut und Freude, und laut tönte sein Triumphschrei durch die Nacht: »Mein Vater, der schwarze Krieger!«

Jetzt lagen die beiden Rothäute ausgestreckt auf der Hütte und warteten auf den Morgen. Alle Waffen lagen griffbereit. Sie waren fest davon überzeugt, daß ihnen keiner von den Weißen entkommen würde. Aber sie waren auch davon überzeugt, die sie ihrem letzten Kampf entgegengingen. Und während sie so regungslos den Aufgang der Sonne erwarteten, erfüllte sich ihr Geist mit immer größerer Entschlossenheit. Sie überlegten, wie sie am besten vorgehen könnten, und ihre Erbitterung wuchs von Stunde zu Stunde. Das Erbe ungezählter Generationen von Kriegern staute sich in ihnen an, und die Entladung mußte furchtbar und vernichtend werden. Tecumseh aber lauerte nur auf einen: auf den schwarzen Leighton. Sein Tod war gewiß.

Als die Weißen die drei Körper vor der Tür untersuchten, stellten sie fest, daß der Tod wohl sofort eingetreten war. Plötzlich gab es einen Aufruhr, die Jäger merkten jetzt erst, daß unter den Toten einer ihrer vermißten Kameraden fehlte. War er den Indianern noch im Walde in die Hände gefallen oder – war er entkommen und holte Ersatz? Dieser Mann war schlau und gewandt. Die Männer atmeten auf. Wenn es ihm glückte, konnte in drei Tagen Hilfe da sein. Und so lange wollten sie sich jetzt, da sie gewarnt waren, schon halten. Freilich, groß war die Hoffnung darauf, daß ihr Gefährte durchgekommen war, nicht, und der unheimliche Überfall lastete so schwer auf ihnen,

daß sie sich nur noch mit bedrückter, leiser Stimme unterhielten. Fürchteten sie, sie könnten belauscht werden?
Mühsam und stumpf schlichen die ersten Morgenstunden dahin. Schließlich raffte sich als erster wieder Jock Lawn auf; er schlug vor, die Toten zu begraben — drüben am Stumpf des Traubenkirschbaums. Man war dort weit vom Walde und nicht zu weit von der Hütte. Die anderen stimmten zögernd zu; es war eine schwere Aufgabe. Gestern abend hatten sie alle noch gelacht und gelärmt ...
Swamp und Cockney gingen den Körper Fischers zu holen, der am Flusse lag. Jock rief ihnen wütend nach: »Nehmt eure Schießprügel mit, verdammt noch mal!« Sie kamen unwillig zurück und holten ihre Gewehre.
Nun nahmen die anderen die Getöteten aus der Hütte auf. Dan Ridge und Tom O'Neil waren als letztes Paar mit ihrer stummen Last etwa zehn Schritte vom Hause entfernt, da hielt Logan die Zeit gekommen. Sie hoben vorsichtig ihren Kopf über den Balken, der die Lehmschicht auf dem Dach bei Regen am Abfließen verhindern sollte, spannten den Bogen — jeder einen zweiten Pfeil quer zwischen den Zähnen —, die Sehne schwirrte ...
Jock Lawn und O'Neill brachen mit einem wilden Fluch zusammen. Schon lag der zweite Pfeil auf der Sehne — Dan Ridge wurde schwer verwundet, Tim Rollie aber, der zusammen mit Jock Lawn den Körper des Schankwirts getragen hatte, war, durch den Ausruf seines Gefährten gewarnt, nach einem kurzen Augenblick der Lähmung, ohne sich erst lange zu besinnen, zur Seite gesprungen — der Pfeil Logans traf ins Leere. Mit einem Griff riß der Ire sein Gewehr vom Rücken und legte an.
Der Irokese schwang sich blitzschnell vom Dach hinunter hinter die Hütte. Tecumseh aber warf sich platt aufs Dach. Vom Flusse her pfiffen zwei Kugeln kaum zwei Handbreit über ihn fort. Swamp und Cockney hatten sich hinter die niedrige Uferböschung des Flusses geworfen und hatten geschossen. Rollie benutzte die Gelegenheit, Deckung

hinter dem Stumpf des Traubenkirschbaums zu suchen. Er war noch wenige Schritte davon entfernt, da warf ihn die Kugel Tecumsehs ins Gras.
Logan aber, in dem alle Sinne wach waren wie in einem Tier des Waldes, war sofort nach dem Knall der vom Flusse her tönenden beiden Schüsse mit einem dumpfen Aufbrüllen hinter der Hütte hervorgestürzt und fegte, Messer in der Linken, Tomahawk in der Rechten, über die kurze Strecke, die ihn vom Flusse trennte.
Entsetzt sahen ihn die Waldläufer heranrasen, mit bebender Hast luden sie ihre Büchsen, da sprang schon der Indianer vom Ufer herab zwischen sie, Cockney wollte ausweichen und rannte in das Messer des Häuptlings. Es gab noch einen kurzen verzweifelten Kampf mit Swamp, aber das Grauen lähmte den Weißen. Indessen war es dem verwundeten Cockney gelungen, seine Büchse zu laden. Doch der rasende Cayuga schlug ihm mit einem Schwunge seiner Kriegskeule das Gewehr aus der Hand, ohne dabei den anderen Gegner aus dem Auge zu lassen. Der Kampf dauerte nun nicht mehr lange. Logan kehrte zur Hütte zurück, sorgfältig und unbewegt nahm er die Skalpe aller von ihm Getöteten an sich, dann häufte er Reisig in der Hütte an und entzündete ein Häufchen Pulver. Auf der Erde kauernd, sah er zu, wie das Blockhaus in den Flammen aufging. Er hatte in der Hütte Whisky gefunden, und nun trank er, starr vor sich hinblickend, langsam einen Schluck nach dem anderen. Er fühlte sich leer und schal in seinem Innern — er hatte gehofft, daß er fallen würde, und wenn er auch mit aller Schlauheit des Indianers gekämpft hatte, so war das mehr aus dem Durst nach völliger Rache geschehen als aus dem Drang, sein Leben zu erhalten. Stumpf sah er in das Feuer, ein Entsetzen vor sich selbst befiel ihn, denn nun begann er seinen langen, blutigen und ruhmlosen Weg zu ahnen.
Er schenkte Tecumseh, der in der Hütte und unter den Toten ingrimmig nach dem schwarzen Leighton gesucht

und ihn nicht gefunden hatte, keine Beachtung. Dieser wollte den Häuptling zur Verfolgung aufrütteln, er erinnerte ihn daran, daß Leighton die Kleine Sonne getötet habe ... Aber Ta-ga-ju-tah trank vom Feuerwasser, er sah mit glasig werdenden Augen dumpf zu ihm auf und nahm wieder einen tiefen Schluck. In kurzer Zeit lag er sinnlos betrunken auf dem Boden und schnarchte mit offenem Munde. Tecumseh sah ratlos auf ihn hinab. Er sah zwar keine Schande darin, daß ein Indianer trank, aber früher hätte der Häuptling das nicht getan. Der junge Shawano empfand erst jetzt die Veränderung, die in dem selbstbeherrschten, stolzen und dabei doch anspruchslosen Manne vorgegangen war. Und mit Erstaunen sah er auch, wie schmutzig der Irokese aussah, den er bisher nur als einen der reinlichsten, peinlich auf Sauberkeit bedachten Menschen gekannt hatte. Ratlos und erbittert sah Tecumseh um sich, er konnte Ta-ga-ju-tah jetzt nicht allein lassen – und zum zweiten Male war ihm Bob Leighton entkommen. Der »schwarze Jäger« war gleich nach dem zweiten Rufe »Rache für Logan« in kopflosem Entsetzen aus der Hütte gestürzt, die Erinnerung an den lautlosen Tod seiner sechs Kameraden auf dem Büffelpfad beim Hause Wagners hatte ihn übermannt. Und da hatte ihn sein brutaler Mut verlassen.

Der Shawano trug den Häuptling an das Flußufer, suchte und holte das Kanu, mit dem der Irokese am Tage vorher angekommen war, sammelte alle Waffen, Kugelbeutel und Pulverhörner der Weißen, auch alles Pulver, das er schon vor dem Feuer aus der Hütte geholt hatte, und fuhr den Monongahela hinab. –

Das Gerücht von der Tat der beiden Freunde, die allein vierzehn Weiße überwältigt hatten, lief feuerschnell die Flußläufe und Wildpfade entlang, und nach vier Tagen hatten sich bereits dreißig Indianer um sie versammelt. Hauptmann Cresap hatte, sobald ihm Leighton von dem Überfall erzählt hatte, fluchend eine Schar erprobter Männer gegen Logan gesandt. Sie wurden von dem Häuptling und seinen Gefolgsleuten vollkommen zusammengehauen. Nun zog Cresap selbst mit sechzig Scharfschützen, einer für die Grenzer sehr gewichtigen Zahl, gegen den Irokesen, aber es ging ihm nicht anders. Jeden Tag stießen neue Indianer zu Logan, und als er den Kampf mit Cresap annahm, der wie ein wütender Bulle in den Wäldern nach ihm suchte und ihn nicht finden konnte, obwohl er ständig von den Spähern Ta-ga-ju-tahs beobachtet wurde, da entkam Cresap mit zwölf Gefährten, alle mehr oder weniger schwer verwundet – der Rest fand ein Ende unter dem Tomahawk der Indianer. Der Irokese machte keine Gefangenen.

Und nun zog er die stillen Seitentäler der großen Flüsse, die einsamen Waldsenken und die im Frühlingsschmucke blühenden Wiesenstrecken mit seiner Horde hinauf und hinunter. Rauchende Häuser, zerstörte Felder ließ er hinter sich, die Leichen von Männern, von Frauen und Kindern bezeichneten seinen Weg.

Er, der früher die Kinder der Weißen geliebt, ihnen Geschenke gebracht, mit ihnen gespielt und gescherzt hatte, scheute sich jetzt nicht, ihre Skalpe an seinen Gürtel zu hängen. Immer tiefer geriet seine Seele in den Sumpf, die Whiskyflasche war sein ständiger Tröster, und der Alkohol richtete den an solche Ausschweifungen nicht gewöhnten Körper in wenigen Monaten zugrunde. Sein Geist war ständig umnebelt von Rachegedanken, vom Trinken und von wilden Selbstvorwürfen, die er in immer erneuten Metzeleien und immer größeren Mengen Branntwein zu ertränken suchte. Seine zügellose Art zog alle schlechten Elemente unter den Indianern an, und so wurde die wilde Horde, die er führte, zum finstersten Schrecken des ganzen Indianerkrieges. Weder Bukongahelas noch Cornstalk noch selbst der wilde Giengwatha erreichten seinen schaurigen, würdelosen Ruhm. Seine wilde Wut machte ihn unbesieglich; wenn der erste Schuß krachte, der erste Kriegsruf erscholl, wich alle Dumpfheit, alle Betrunkenheit von ihm, blitzschnell traf er seine Entschlüsse seine Schlauheit machte alle Listen seiner Gegner zunichte, und je stärkere Abteilungen die Weißen gegen ihn sandten, um so vernichtender wurden ihre Niederlagen.

Längst hatte sich Tecumseh von ihm getrennt. Der ritterliche, junge Indianer, dessen von Natur edle Anlagen Ta-ga-ju-tah früher gestärkt und entwickelt hatte, der vier Jahre lang zu dem Irokesen wie zu einem unerreichbaren, edlen Vorbild aufgeschaut hatte, war gleich beim erstenmal zitternd vor Verachtung und Empörung dazwischen gesprungen, als Logan ein vierjähriges Mädchen niederschlug und — sich seinen Skalp an den Gürtel hing. Er war zu spät gekommen — und vor Entsetzen schreiend war Tecumseh in den Wald geflohen. Er irrte einige Tage allein umher, immer das gräßliche Bild des toten Kindes und die Verwahrlosung seines Lehrers vor Augen — dann zog er sich für Wochen nach Chillicothe zurück. Er warf alle Kopfhäute, die er bis dahin, wie fast jeder andere Angehörige seines Stammes auch, von besiegten Gegnern genommen hatte, in das Feuer, und niemals wieder nahm er einem Feinde den Skalp*.

Dumpf brütend saß er in der Hütte seines Vaters, und wenn er einmal einen kurzen Gang durch das Dorf machte,

* Ebenso historisch wie diese Tatsache ist, daß Tecumseh, als er — schon mit sechzehn Jahren zum erstenmal auf dem Kriegspfad — der Niedermetzelung roter Gegner zusehen mußte, schreiend floh, ferner, daß er schon von diesem Tage an die Marterung gefangener Feinde nicht duldete, daß er —ebenfalls mit sechzehn Jahren — nur durch seine Beredsamkeit einer rachedürstenden Schar von Shawanos das Versprechen abrang, nie mehr einen Feind zu martern. Überhaupt ist die Marterung bei den Indianern keineswegs so selbstverständlich gewesen, wie es sensationslüsterne Schriftsteller wahrhaben möchten. Der Gefangene hatte fast stets die Möglichkeit, sich vom Stamme adoptieren zu lassen und war dann gerettet. Eine Flucht zu seinem alten Volke war unmöglich, da er dort nach einer solchen Adoption nicht mehr aufgenommen wurde.

wichen die paar wichtigtuerischen aufgeputzten Gecken, die es verstanden hatten, sich den Kämpfen fernzuhalten und nun hier in Chillicothe sich von den Mädchen und Kindern auslachen ließen, verstört vor dem finsteren Ausdruck seines Gesichtes zurück. Diese jungen Stutzer, die ihr Haar alltäglich mit Bärenfett einrieben, die lange Streifen aus Biberfell an ihre Mokassins banden und deren größter Stolz es war, einen Hut, ein buntes Halstuch oder eine Kette aus Glasperlen zu tragen, die sie irgendeinem weißen Händler abgekauft hatten, glaubten frohlockend, Tecumseh sei einer der Ihren geworden, als er plötzlich in seinem Heimatdorf wieder auftauchte, während doch der Krieg noch in vollem Gange war.
Sie merkten bald, daß man sich vor ihm in acht nehmen mußte. Aber je länger er unter ihnen weilte, um so mehr gewöhnten sie sich an ihn. Einmal – es war September geworden – saß Tecumseh in finsteres Nachdenken versunken am Rande des Steilufers dicht am Flusse. In einiger Entfernung hielt sich eine Schar jener geputzten Gecken auf, und ein besonders kecker junger Mann wagte es, sich neben den Fliegenden Pfeil zu setzen, obwohl ihm gar nicht wohl dabei zumute war. Er wurde nicht beachtet; da fing er an, seine Heldentaten aus dem letzten Kriege zu erzählen.
Schließlich wurde Tecumseh durch das Geschwätz doch aus seinem Hinbrüten geweckt. Er sah erstaunt auf, hörte dem plötzlich vor Angst stotternden Heldenjüngling zu, dann stand er auf, riß den erschrockenen Verkünder seiner niemals vollbrachten Taten hoch, packte ihn mit einer Hand am Genick, mit der anderen am Knie und schmiß den Aufkreischenden in den Scioto, aus dem er sich schreiend, prustend und Wasser spuckend mühsam rettete, Tecumseh lachte schallend, und er lachte noch, als er in das Dorf kam.
Aber erst, als Cornstalk, der alte Löwe seines Stammes, zur Schlacht am Großen Kanawha rief, schloß er sich der gemeinsamen roten Sache wieder an. Gegen Männer und

Krieger wollte er kämpfen; Frauen und Kinder war er entschlossen zu beschützen.

Die Schlacht am Großen Kanawha

Unter den überhängenden Weiden hier am Ufer war es so still wie auf dem Wasser der großen Bucht, das in dunkler Ruhe unter den niedrig ziehenden Wolken schwarz und matt schimmerte. Weiter draußen schoben sich die Wassermassen des Ohio eilig und doch fast lautlos dahin. Es war eine warme Oktobernacht, wie sie in jenen Breiten nicht selten sind. Auch der Wald zu beiden Seiten lag in tiefem Schweigen, kaum daß ein Blatt taumelnd zu Boden fiel.
Es war so dunkel, daß ein fremder Beobachter schon sehr genau hätte hinsehen müsen, wenn er den einsamen Mann hätte erblicken wollen, der dort dicht am Wasser im Sande kauerte und in sich versunken zu Boden starrte.
Er saß sehr lange ohne eine Regung da, plötzlich aber erhob er den Kopf und lauschte. Alles blieb still ... Aber der Mann ließ sich nicht täuschen ... Ein leises Plätschern ließ sich hören – war es ein Fisch, der seinem Element durch einen Sprung zu entgehen suchte? ... Wieder die Stille ... Dann kam eine ruhige Stimme halblaut vom Ufer, gleichzeitig glitt ein tieferer, langer Schatten über das dunkle Wasser her:
»Hat der Fliegende Pfeil die Schlange getroffen?«
Aus dem herannahenden Boot kam Antwort:
»Ich bringe die Botschaft, Bruder Cornstalk. Der Fliegende Pfeil der Shawanos fand mich an der bezeichneten Stelle.«
Der Mann am Ufer erhob sich. Das Boot legte an, zwei schlanke Gestalten entstiegen ihm. Der eine der Ankömmlinge zog das leichte Rindenboot auf den Strand herauf,

der andere trat auf Cornstalk zu. Dieser war es, der am Wasser gewartet hatte, und er fragte weiter:
»Was sagt der Sachem der Lenape?«
»In drei Tagen wird er hier sein mit vierhundert Kriegern. Aber es ist zu spät.«
Cornstalk sah nachdenklich zu Boden, er sagte nichts mehr, ohnehin hatte er schon viel zuviel Ungeduld verraten. Er brauchte nicht zu fragen, warum der finstere Häuptling der Lenape nicht eher kommen konnte. Bukongahelas war treu und er haßte die Weißen wie nur ein roter Mann die Räuber der Heimat hassen konnte. Wenn Bukongahelas nicht eher kam, so war es unmöglich, eher zu kommen. Wahrscheinlich war er hinter dem englischen Grafen her, der mit seiner Armee auf dem Wege nach Chillicothe war. Wahrscheinlich konnte Bukongahelas seine Krieger nicht eher zusammenrufen ...
Einen Augenblick brannte Cornstalk in wildem Triumph: Der Engländer hatte nicht gemerkt, daß er gar keine Gegner mehr vor sich hatte, daß die Hauptmacht der Shawanos im Schatten der Urwälder an ihm vorbeigeglitten war und nun in seinem Rücken stand ... aber diese Aufwallung ging vorüber. Das Schwerste stand erst bevor, die Entscheidung des ganzen Krieges nahte ... und die Lenape waren nicht da!
Die Schwarze Schlange brach das Schweigen, indes Tecumseh sich bescheiden im Hintergrund hielt:
»Er kommt zu spät. Mein Bruder, der im Solde des großen weißen Vaters steht, kam mit einem Befehl zu den weißen Männern, die dort drüben lagern. Sie sollen aufbrechen und nach Chillicothe ziehen. Vor deinem Dorfe wollen sich die beiden Heere treffen und dann wird die Sonne der Shawanos für immer untergehen.«
Der Häuptling fragte nur ein Wort: »Wann?«
Die »Schlange« verstand ihn:
»Morgen früh sollen sie aufbrechen. Du weißt, ihre Boote sind gebaut.«

Cornstalk ging einige Schritte am Ufer entlang und ließ sich dann an einer Stelle nieder, von der aus der Blick über den Strom offen war. Von hier aus konnte er den schwachen Schimmer der Wachtfeuer des weißen Heeres erblicken, von hier aus konnte er hin und wieder ein flüchtiges Blitzen über das Wasser huschen sehen, wenn eines der Feuer einmal höher aufschlug.

Dort drüben, am anderen Ufer, lagen sie: fünfzehnhundert weiße Leute, Soldaten und Grenzer. Morgen sollten sie nach Chillicothe aufbrechen, sich mit Lord Dunmore und seinen Scharen vereinigen — und wenn ihnen das gelang, war jeder weitere Widerstand aussichtslos.

Er ließ sich wieder am Ufer nieder und starrte zu dem Schimmer hinüber. Er schwieg und regte sich nicht. Die beiden anderen waren stehen geblieben; auch sie sagten kein Wort. Der Häuptling starrte und starrte ... Bukongahelas mit den vierhundert Lenape kam erst in drei Tagen; das war zu spät ...

Nach langer Zeit erhob er sich, ging ein paar Schritte vom Ufer fort auf den Wald zu und rief leise:

»Cata-he-cassa!«

Einige Augenblicke vergingen, und der Gerufene trat mit einem zweiten Indianer heran; Cornstalk erzählte ihnen, was die Schlange gebracht hatte. Cata-he-cassa antwortete, kaum daß der andere geendet hatte: »Wir müssen kämpfen.«

»Ja, es ist soweit. Weckt die Schlafenden, holt die Boote. Geht zu euren Leuten. Wir kämpfen, wie wir im Rate beschlossen haben: die Schlange rechts. Tecumseh an der Spitze, Blaujacke links. Cata-he-cassa, du fährst den Strom der Shawanos* hinauf und überfällst sie von hinten. Wa —!«

Cornstalk ging am Ufer der Bucht entlang auf den Strom zu, die vier anderen eilten in den Wald. Der Oberhäuptling wartete, er hielt die Faust um die Kriegskeule geballt, seine Brust hob sich in einem tiefen Atemzug: es war so-

* Ohio

weit. Es ging nicht mehr gegen Blockhäuser und vereinzelte weiße Jäger, der große Kampf stand bevor, der die Entscheidung über den Krieg bringen mußte. Und die drüben waren zwei- bis dreihundert Mann stärker als er.
Es half nichts. Er mußte es versuchen ... und er glaubte an den Sieg. Erst diese hier vernichten, dann war Dunmore, der Gouverneur, mit der Hauptmacht der Weißen verloren. Er hatte sich mit seiner schwerfälligen Armee viel zu weit in die Wälder gewagt.
Erst diese hier schlagen – dann würden alle Stämme, auch die noch schwankenden, zu den Shawanos stoßen – die Tschippewa, die Oto, die Sax und Foxes ... dann würden alle Irokesen aufstehen ... Es war soweit. Wild krampfte sich die Faust des Shawanos um die Keule in seiner Hand.
Im Walde begann es sich zu regen. Hier knackte ein Zweig unter dem Fuße eines Kriegers, dort klirrte ein Gewehr gegen ein anderes ... Nicht weit von ihm sammelten sich am Ohio dunkle Schatten, nur schwer erkennbar in der finsteren Nacht, aber sein scharfes Auge erriet sie. In der Bucht waren die Boote schon zu Wasser gebracht, sie glitten lautlos heran und hielten an der Grenze des stehenden Wassers vor der Ausfahrt in den Strom. Es waren die Krieger der »Schwarzen Schlange« und die jungen Leute vom Geheim-Orden der »Hunde«, die Tecumseh führte.
Nun gingen auch die Männer Cata-he-cassas und des Häuptlings Bluejacket* in die Boote, auch sie hielten sich noch still im Uferwasser und verborgen im Schatten der überhängenden Bäume.
Die vier Führer kamen noch einmal zu Cornstalk, hinter dem sich einige ältere Shawanos und die dreißig Wendat gesammelt hatten, die der alte Fuchs selbst führen wollte.
Einem anderen als dem Oberhäuptling hätten sich die stolzen Huronen doch nicht untergeordnet.
Cornstalk glaubte, die heiße Leidenschaft zu fühlen, die

* »Blaujacke«

in den tausend Kriegern glühte. Schon vier Tage lang lagen sie hier auf der Lauer, jeden Tag hatten sie ihn zehnmal bestürmt, den Angriff zu befehlen, sie glaubten ihren Rachedurst und ihre Kampfeslust nicht länger bezähmen zu können. Von einem anderen als ihm hätten sie sich nicht zurückhalten lassen, jedem anderen hätten sie längst Feigheit vorgeworfen – aber ihm gegenüber hatte das noch der ärgste Hitzkopf nicht gewagt.

Auch bei dem kühlen, alten Graukopf mischten sich allmählich in seine eisenharte Entschlossenheit wilde und blutdürstige Empfindungen. Lange genug hatte er seine Leidenschaft zurückgedrängt, aber die leisen Worte, das Atmen der Männer hinter ihm, das Schwirren der Bogensehnen entzündeten sein Blut. Ein Blick nach Osten: bald war die Nacht vorüber, bald kam die Dämmerung, die ersten Nebel verschleierten schon das Fließen der Stromes: es war Zeit.

Halblaut sagte er, aber dennoch hörten ihn alle in der Stille der Nacht, und sie erschauerten vor der Wildheit der geknurrten, gekeuchten Worte:

»Seid still, meine Brüder, wie der schleichende Berglöwe, bis Cornstalk das Zeichen gibt. Seid stark, kämpft gut, für jeden von euch ist ein Skalp dort drüben! Rache für den Bruch der Verträge, Rache für Ta-ga-ju-tah und die ermordeten Kinder des roten Volkes, Rache für den Raub des Grünen Rohrs!«

Er hob die Kriegsaxt und schmetterte die scharfe Obsidianspitze in einen Baumstumpf: das war das Zeichen. Der Häuptling hörte ein Seufzen aus dem Munde der tausend Krieger, die darauf gewartet hatten, ein befreites Aufseufzen – dann glitten die Kanus auf den Strom hinaus. Auch Cornstalk selbst stieg ein und folgte.

Zehn Boote, zwanzig, dreißig Boote, fünfzig, hundert – und immer mehr noch schoben sich in die Strömung, immer mehr. Die weite, gurgelnde Wasserfläche war bedeckt von den leichten Rindenbooten, in jedem saßen vier oder sechs Indianer, die schnell und lautlos ihre Paddel in die Flut tauchten und sich schweigend hinter ihren Führern vorwärts bewegten. Vier Führer waren es, und vier Keile drängten sich nach dem anderen Ufer, aber immer noch stießen neue Kanus vom Lande ab.

Cornstalk hatte sein Boot neben das Kanu Tecumsehs rudern lassen, der an der Spitze vorgebeugt kniete und angestrengt in die Nacht sah. Von Zeit zu Zeit hob er, ohne sich umzuwenden, die rechte oder die linke Hand, dann änderten die Rudernden die Fahrtrichtung, und alle folgenden Boote machten die leichte Schwenkung mit. Sie umfuhren einige Sandbänke, glitten dicht neben den Booten der »Schwarzen Schlange« um eine baumbestandene kleine Insel herum und trennten sich dann wieder von den Leuten der Schlange.

Nun ging es trotz der starken Strömung geradeaus wie der Flug einer Büchsenkugel; genau an der Spitze der Landzunge landeten sie: links fuhren die Boote Blaujackes und Cata-he-cassas den Ohio weiter hinauf, rechts legte wenig später auch die »Schlange« etwas weiter oberhalb im Kanawha an.

Cornstalk und Tecumseh stiegen als erste an Land, aus dem Ufergebüsch erhob sich Logan, der von hier aus mit einer Schar von fünfzig Mann die Beobachtung der Blaßgesichter durchgeführt hatte.

Die beiden Häuptlinge wechselten ein paar Worte, Logan rief, drei Mann traten zu ihm, ein kurzer Befehl, sie gingen zurück, hoben ein Kanu aus dem Gebüsch, ließen es zu Wasser und fuhren den Ohio hinauf, zu Cata-he-cassa und seinen Leuten, um sie zu einer Landungsstelle oberhalb des Lagers der Feinde zu führen. Cata-he-cassa sollte im Schutze des Uferschattens über das Lager der Weißen hinausfahren und sie im Rücken fassen.

Zwei Boten an Blaujacke und Schwarze Schlange, dann traten Cornstalk und Tecumseh den Vormarsch an.

Zunächst war der flache Uferstrich zu überwinden, der an

dieser Stelle etwa fünf bis sieben Kilometer breit und dicht mit Weidengebüsch, Gestrüpp und Gehölz bedeckt war. Der Marsch war schwierig, und schon begann der Morgen zu grauen; das erleichterte das Vorwärtskommen, aber es war auch höchste Zeit.

Nebelschwaden zogen um die niedrigen Weiden, klatschnaß hingen die Zweige und schütttelten Tautropfen auf die nackten Rücken der schweigend vorwärts huschenden Männer. Tecumseh glitt an der Spitze der langen Schlange von Kriegern, und alle Windungen, die der Kopf des Zuges machte, machte der Körper der Heeresschlange mit. Sie setzten über einen gefallenen Baumstamm, schlüpften unter niedrigen Zweigen hindurch, übersprangen ein Bächlein, folgten einem Wildpfad, bogen wieder in das Gestrüpp ab ... ganz lautlos ging das nicht, aber das war ja auch nicht nötig.

Plötzlich ein Schuß, noch zwei, noch einer, vier Männer sprangen auf; rasten dem Innern des Landes zu —: weiße Jäger, die frisches Fleisch schaffen wollten und auf böseres Wild gestoßen waren. Tecumseh, panthergleich, setzte hinter ihnen her, warf sich auf den letzten, riß ihn zu Boden, stolperte, der Weiße packte ihn an der Kehle, drückte ihn herunter, Tecumseh umschlang ihn, rollte sich, ohne ihn loszulassen, zusammen mit seinem Gegner rückwärts über den Kopf weg, der Weiße schlug mit dem Rückrat auf einem niedrigen Baumstumpf, er stöhnte, verlor einen Augenblick das Bewußtsein, Tecumseh kniete auf ihm, ein Schnitt über die Kehle, erledigt.

Er sprang auf, wollte hinter den drei anderen her, ein paar von seinen Leuten drängten sich um einen Durchlaß, wortlos riß er zwei beiseite, ein dumpfer Warnungsruf, sie drehten alle um, erkannten ihn im Zwielicht nicht gleich, stürzten sich auf ihn, rissen ihn zur Erde, er knurrte ihnen drei Worte zu, sie ließen ab, wandten sich um, wieder Gedränge, da tönten laute Worte im Dunkel, Cornstalk ist es: »Nieder, zu Boden!« Sie folgten, nur Tecumseh steht, setzt über die

Vordermänner hinweg, schreit: »Kish-Kalwa! Peta-Kuta!« Die beiden springen auf, hinter ihm her, da krachen zwei Schüsse von links. Tecumseh wendet, mit einem Satz über einen Strauch, hört im Springen Cornstalks zwei Namen rufen, er fällt mit den Füßen auf etwas Weiches, greift zu, ein Weißer, das Messer blitzt, ein Schrei, Gurgeln, Umsichschlagen. Peta-Kuta und Kish-Kalwa haben sich auf den zweiten geworfen, er wehrt sich verzweifelt, aber es hilft nichts, der Tomahawk kracht herab.
Tecumseh, gebückt, lauert nach vorn, die Büchse im Anschlag, er sieht drei Gestalten laufen, sie haben Hüte... weiße Männer, er legt an, zögert, der Schuß könnte verraten, aber es ist ja auch schon alles verraten, also Schuß... da ist's schon zu spät, sie sind verschwunden. Hinter ihm dringt es heran, im Laufschritt. Cornstalk ist da, sieht die Toten, fragt Tecumseh, der sagt: »Drei sind entflohen!« »Vorwärts«, brüllt der Häuptling. Laufen, Keuchen, vielleicht sind sie noch einzuholen.
Der Weg ist weit, das Gestrüpp hindert, aber vorwärts, unten durch oder drüber weg, das Gehölz rauscht und schwankt, überall hasten dunkle Gestalten vor.
Cornstalk hat Blaujacke und die Schlange durch zwei Boten benachrichtigt, Angriff befohlen, also auch rechts und links werden sie vorstürzen. Vorwärts, Zähne zusammengebissen: »Die Ersten sein!«
Das Flachland ist zu Ende, Nanabozho sei Dank! Sie klettern auf die Randhöhen hinauf, stützen sich gegenseitig, die sechs bis acht Meter hohe Bodenwelle des eigentlichen Ufers ist im Nu erstiegen, jetzt geht es schneller, hier stehen Bäume, große Bäume, das Unterholz ist weniger dicht. Sie entfalten sich: links Tecumseh, Mitte Cornstalk, rechts Logan.
Hier oben ist die Dämmerung tiefer. Die Baumkronen werfen dunkle Schatten, hier ist noch tiefe Nacht. Jetzt sind sie fast schon eine Schützenlinie, vorwärts, vorwärts, den Weißen keine Zeit lassen.

Eine Lichtung, hier ist es heller, hinüber, kein Laut, kein Wort, kein Ruf, vorwärts.
Da, was ist das – blitzt es da nicht unter den Bäumen: »Nieder, zu Boden!« brüllt Cornstalk, sie werfen sich hin, ein Feuerband blizt auf, kaum 100 Schritt vor ihnen, es donnert wie ein Gewitter hier unter den Bäumen. Da steht schon eine Kompagnie Soldaten in Reih und Glied, aus dem alarmierten Lager ihnen entgegengesandt, sie haben geschossen, viel zu hoch. »Vorwärts«, dröhnt Cornstalk, »Revenge for Logan«, brüllt es rechts.
Whoo-whoop, whoop-whoop ... sie springen auf, rennen vor, das zweite Glied der Kompagnie feuert, diesmal war es gut gezielt, da und dort stürzen sie zu Boden. Die anderen huschen vor, whoo-whoop, whoo-whoop, aber die Weißen stehen, Kommandos schrillen, sie laden, legen an, die Indianer sind wie weggewischt, verschwunden, in den Boden versunken. Da prasselt von links eine Salve in die Kompagnie hinein, ein Pfeilschauer geht nieder, Schreie, Stöhnen, Verwirrung: Die Indianer sind in der Flanke, Blaujacke ist da, er stürmt heran, die Kompagnie weicht, »Vorwärts!« brüllt Cornstalk, Pfeile schwirren, die »Hunde« Tecumsehs geben eine volle Salve hinein, »Vorwärts!« schreit auch er, »Revenge for Logan!« heult es rechts, da sind sie dran, Nahkampf, Messer, Tomahawk, Kriegskeule arbeiten, die beiden Offiziere sind tot, die Soldaten fliehen Hals über Kopf, whoo-whoop, whoo-whoop, die Roten hinterher.
Bluejacket, der mit den Seinen von links heranstürzte, wird von einem prasselnden Kugelschauer empfangen, virginische Scharfschützen, die auf dem rechten Flügel der Weißen kämpfen, immer mehr eilen heran, geduckt hinter Gestrüpp vorwärts drängend, gebückt über freie Flächen springend. Sie werfen sich hinter Bäume, Erdhaufen, schwärmen in die dünne Linie der Schützen ein ... sie zielen ruhig und schießen gut, aber wer soll in dieser Dunkelheit treffen? Immerhin, Bluejacket kommt nicht vor-

wärts. Tecumseh sieht's, hält die »Hunde« von der Verfolgung der Soldaten zurück: »Laßt sie Logan und Cornstalk!« heult er. Er wirft seine Leute herum, faßt die Virginier von der Seite und von hinten, Messer, Pfeile, Tomahawk und Flintenkolben, die Linie wird nach links aufgerollt, schon fliehen die Virginier, hier einer, dort einer, Bluejacket hat sich herangearbeitet, katzengleich im Grase, jetzt springen seine dreihundert Mann auf, whoo-whoop, whoo-whoop schallt es schaurig von allen Seiten, jetzt sind Messer und Kriegskeule besser als die beste Büchse ... Wer kann im Dunkeln zielen, wer kann so schnell laden! Die Virginier stürzen mit gesträubten Haaren zurück, die Roten hinterher, siegestrunken, whoo-whoop, whoo-whoop, sie springen ihnen von hinten auf den Rücken, fallen sie von der Seite an, werfen sich den kopflos Fliehenden vor die Füße, die stolpern, schon ist ihnen der Indianer im Genick ...

Aber nicht alle verlieren den Kopf, hier zwei, dort vier, die sich zusammenschließen, abwechselnd laden, abwechselnd schießen, und zuletzt zum Messer greifen.

Einzelszenen – aber das hält die Indianer nicht auf, sie lassen ein paar zurück, die sich mit diesen Berserkern herumbalgen sollen, die anderen eilen weiter.

Die Mitte und der rechte Flügel der Weißen ist in voller Flucht, General Lewis schickt zwei Kompagnien unter seinem Bruder Charles zu Hilfe. Cornstalk, aufrecht hinter einem Baum, erkennt ihn als den Führer, legt seine Büchse an, zielt lange und ruhig, schießt, Charles Lewis bricht zusammen, wird ins Lager getragen. Oberst Flemming übernimmt den Befehl, Logan schießt ihn zusammen. Kapitän Watson hat dasselbe Schicksal. Immer wieder springt ein Offizier vor, übernimmt das Kommando, verschmäht die Deckung, fällt.

Logan und Tecumseh fehlen niemals, sie nehmen es mit jedem weißen Scharfschützen auf. Aber das Gefecht steht, die Opfer der Weißen haben die Niederlage verhütet.

Logan rechts, Tecumseh links lauern und schießen, längst ist es Morgen geworden. Hinter Tecumseh der treue Kish-Kalwa, links von ihm Peta-Kuta laden, laden, laden, reichen ihrem Führer das Gewehr, und Tecumseh schießt und trifft.
Wieder dringt ein Offizier drüben vor, Soldaten und Virginier schließen sich an, Tecumseh brüllt: »Nicht schießen!«, läßt sie heran, dann schreit er: »Schießt!« Der Offizier fällt in Prasseln der blauen Bohnen, denn heute hat fast die Hälfte der Roten Gewehre. Noch mehr stürzen unter den Pfeilen, denn mit dem Bogen ist jeder Indianer ein Meisterschütze. Knirschend müssen die Weißen zurück. Es ist heller Tag, wo ist Cornstalk? Niemand weiß es. Warum ist es rechts so still, wo ist die Schlange? Noch keiner von seinen Kriegern ist da, hier aber greifen die Weißen immer stärker an. Überall, hinter jedem Busch, jedem Baum, jedem Erdhügel lauern die virginischen Scharfschützen, jetzt ist es hell, Kimme und Korn sind klar zu erkennen, wehe der Rothaut, die nur ihren Haarschopf sehen läßt!
Der Druck der Weißen wird immer stärker. General Lewis erkennt die Möglichkeit, die sich ihm hier bietet, er wirft alles, was er noch verfügbar hat, auf seinen rechten Flügel. Die Indianer schießen und schießen, aber sie schießen viel schlechter als die Virginier. Die Soldaten der englischen Krone in ihren auffallenden Uniformen sind am schlechtesten dran, sie haben schauerliche Verluste.
Tecumseh, Bluejacket, Logan ... es hilft nichts, sie müssen zurück. Und wo ist Cornstalk, wo bleibt die Schlange.
Die Pfeile gehen in Schauern nieder und reißen Lücken, aber mit den Büchsen treffen die Indianer schlecht. Tecumseh und Logan allein mit ihrer nie fehlenden Büchse könnnen das Vordringen der Weißen nicht aufhalten.
Noch mehr Leute wirft General Lewis ins Gefecht. Reserven, die er aus dem linken Flügel herauszog. Fast ist's zuviel, denn nun treffen die Kugeln der Roten wieder besser,

so viel Deckung ist nicht da, wie die Weißen brauchen könnten. Und doch: sie kommen vorwärts. Die Weißen greifen erbittert an, schon weicht da und dort ein Indianer...

Wo ist Cornstalk? Seine Stimme ist nirgends zu hören, er fehlt an allen Ecken und Enden... Wo ist der Häuptling? Aber Cornstalk lauert, gut gedeckt hinter einer Erderhebung ganz am rechten Flügel. Er war, als er die Wendung des Gefechtes erkannte, zur Schwarzen Schlange geeilt und gerade zurecht gekommen, um sein Eingreifen zu verhindern. Die Nachhut der Schlange, 120 Mann, hatte im schnellen Vorstürzen durch das Ufergebüsch die Verbindung verloren, schließlich fanden sie sich atemlos wieder ein, aber sie kamen doch eine dreiviertel Stunde später auf dem Kampffeld an als die anderen. Die Schlange hatte gezögert einzugreifen, obwohl seine Leute ihn drängten, er suchte eine passende Gelegenheit. Überdies hatte er virginische Grenzer vor sich erkannt, und er wußte, daß das gefährliche Gegner waren.

Schließlich wollte er angreifen, da traf Cornstalk ein und hielt ihn zurück. Nun lauert der rote Generalissimus darauf, daß die Mitte seiner Leute zurückgeht. Er hat den Rückzug durch Boten befohlen, gleichzeitig aber auch angeordnet, daß die Führer auf seinen Angriff von rechts achten sollten.

Mit grimmiger Freude sieht er, daß die Virginier vor ihm sich zurückziehen und dem Kampfplatz zueilen, sie glauben, drüben seien sie nötiger, hier vor ihnen zeigt sich ja kein Indianer; immer mehr folgen den ersten, General Lewis wirft seine ganze Macht auf den rechten Flügel, und immer wieder ermahnt Cornstalk die Krieger der Schlange durch Boten, durch Gebärden, nicht zu schießen, sie versteckt zu halten, nicht anzugreifen. Bisher ist hier noch kein Schuß gefallen. General Lewis muß glauben, daß der Angriff nur links erfolgt.

Plötzlich richtet er sich auf, verworrenes Geschrei von

links, Rückzug in der Mitte, Tecumseh und Logan haben den Befehl erhalten und befolgt, ratternd nimmt das Gewehrfeuer zu, die englischen Kompagnien formieren sich zur Verfolgung und stoßen vor, Cornstalk hebt den rechten Arm, starrt nach links, starrt nach vorn, die wenigen Gegner vor ihm haben sich halb erhoben und sehen aufgeregt dem Vordringen ihrer Truppen zu, der Häuptling wartet, aber er fühlt, wie die Krieger der Schlange sich hinter ihm zum Sprunge ducken. Der Lärm des Gefechtes, das Schreien und Stöhnen der Kämpfenden haben sie auf das höchste erregt, jeder Skalpruf, der herüberschallt, facht ihren Blutdurst an, sie zittern vor Spannung ... Endlich – endlich senkt Cornstalk den Arm, springt auf und stürzt vor. Ohne einen Ruf folgen ihm dreihundert Mann, die Schlange weit an der Spitze. Die meisten Virginier bemerken die Feinde erst, als sie dicht vor ihnen auftauchen und den Tomahawk zum Schlage erheben.
Erstarrung, Rufe, ein paar Schüsse, fast alle Virginier fallen, der Rest flieht, die Roten wie wilde Tiere hinterher, Einzelkämpfe, Geschrei, Stöhnen, das in dem Siegesjubel der Weißen im Zentrum untergeht.
Ein paar Handbewegungen, Cornstalk nimmt die Schar nach links herum, ein paar Boten rufen die zu weit vorgedrungenen Krieger zurück, im Sturmlauf zur Mitte, mit whoo-whoop, whoo-whoop in den Rücken des Zentrums der Weißen, die sich erstarrt umwenden, Logan und Tecumseh nehmen den Ruf auf, »Vorwärts!«, »Revenge for Logan!« dröhnt, brüllt, heult, schreit es von allen Seiten, »Schießt! Seid stark!« mahnt die Löwenstimme Cornstalks, das Gewirr machtvoll übertönend: »Kämpft! Seid stark!« donnert er unablässig.
Bluejacket, der standgehalten hat, nimmt die zu weit vorgedrungenen englischen Kompagnien von links unter Feuer. Die Weißen, in höchster Not, raffen sich zusammen, gehen feuernd Schritt für Schritt auf das Lager zurück, der rechte Flügel hält am längsten, dort steht Daniel Boon mit seinem

Sohn und fünfzig harten, ausgesuchten Kämpfern. Bluejacket, der ihm gegenüberliegt, hat die stärksten Verluste. Klares Auge, ruhiger Arm, kühler Mut lenken hier die Kugeln der Weißen, aber auch sie müssen zurück, sonst werden sie im Rücken gefaßt.

Verluste auf beide Seiten, Verluste, Verluste... General Lewis hat gleich bei Beginn des Kampfes eilends eine Brustwehr bauen lassen, quer über die Halbinsel. Hinter diese Verschanzung nimmt er nun alle seine Truppen zurück. Noch ist sie nicht fertig. Virginier, geübte Holzfäller, arbeiten wie rasend, legen Bäume um, kappen Äste und Zweige, neben ihnen lauern Scharfschützen, um die Arbeitenden zu decken, und die Roten schießen, schießen. Verluste bei den Weißen, Verluste, Verluste, und die Shawanos kommen immer näher, es huscht über Lichtungen, duckt sich hinter Sträuchern, schleicht sich schlangengleich im hohen Grase heran.

»Seid stark! Kämpft!« brüllt die Donnerstimme des alten, roten Löwen. »Seid stark, sterbt!« dröhnt er mit einer Stimme wie der eines alten Büffelbullen. »Seid stark, vorwärts!«

Überall ist Cornstalk, bald hier, bald da, rafft zehn Mann zusammen, wirft sie vor, vier fallen, zwanzig andere schickt er nach, sie dringen in die Linien der Weißen ein, Geschrei, Gebrüll, Schüsse, sie können sich nicht halten, zwanzig nur kommen zurück, aber fast alle haben Skalpe in den Händen.

»Seid stark, schießt!« brüllt die Löwenstimme schon an anderer Stelle. Immer näher kommen sie heran, schon sehen die Gegner das Weiße im Auge der anderen, whoowhoop, whoo-whoop unter den Bäumen, auf den Lichtungen, im Gestrüpp, Pulvergestank, Stöhnen der Verwundeten, trockenes Krachen der Gewehrschüsse, Schwirren der Bogensehnen, zischende Pfeile...

Der General Lewis, über der Leiche seines Bruders stehend, denkt an Rückzug. Unmöglich, dann laufen ihm die

Virginier davon, trotzig, widerspenstig, wie sie sind. Mit seinen Soldaten allein aber ist er verloren, sie sind auf Waldkämpfe wie diesen nicht gedrillt.
Da — — Geschrei, Geheul, da sind die Indianer in der Brustwehr, da rast schon der Nahkampf, er rafft alles, was verwundet im Lager liegt, zusammen: »Auf die Wälle!« brüllt er. Die Schwerverletzten selbst schleppen sich an die Brustwehr des Lagers, jetzt gilt nur eines: schießen. Und doch weiß der General noch gar nicht, was ihm in diesen Minuten bevorsteht.
Tecumseh hat seinen Ort gewechselt, liegt im Bett eines kleinen Baches der Länge nach im Wasser. Er glaubt, etwas zu sehen, ein Gesicht, das er kennt, er starrt und lauert durch das Gras, da, wieder, ein schwarzer Haarschopf, er sieht auch das Gesicht, er kennt es genau: damals auf dem Büffelpfad und im Hause des Schankwirts ... Bob Leighton, der Mörder der Kleinen Sonne. Er sieht genauer hin: es ist wirklich der »Schwarze Krieger«! Tecumseh knirscht mit den Zähnen: endlich! Diesmal soll er nicht entrinnen. Besinnungslose Wut will ihn übermannen, er zittert vor Haß und Rachedurst ... aber er zwingt sich zur Ruhe. Keine Unbesonnenheit jetzt, keinen Fehler wie damals auf dem Büffelpfad, Ruhe, Ruhe. Er krallt die Hände um seine Büchse, seine Erregung legt sich wirklich, es gelingt ihm, dem geübten Jäger, kalt und klar zu werden: der Berglöwe, der zum Sprunge ansetzt. Pet-Kuta muß zurück, einen Befehl Tecumsehs an die »Hunde« zu überbringen: »Sammeln! Achtung auf Tecumseh!« Kish-Kalwa, der Treue, schleicht dicht hinter Tecumseh vorwärts, fünf andere mit ihm; da schiebt sich der schwarze Schopf spähend durch Gesträuch, starrt nach links hinüber, der Oberkörper folgt, er legt an, zielt, setzt wieder ab, das Ziel ist verschwunden.
Tecumseh, schlangengleich, schiebt sich heran, Pfeile im Munde, die Kriegskeule am Riemen der rechten Hand, er hebt einen grünen Zweig, bewegt ihn zweimal von rechts

nach links, prasselnder Kugelregen in die Brustwehr, die »Hunde« haben das Signal gesehen, Pfeile schwirren in Mengen.
Wieder hebt Bob Leighton den Kopf, Tecumsehs Pfeil zischt, dringt ihm in den Hals. Leigton brüllt auf, wälzt sich auf dem Boden, Tecumseh ist mit einem Satz oben auf der Brustwehr, springt dem Schwarzen mit geschlossenen Füßen von oben herab auf das Rückgrat, whoo-whoop, schauerlich gellt der Kriegsruf, die Kriegskeule faucht herab – Kleine Sonne ist gerächt. Aber keine Zeit daran zu denken, keine Zeit für den Gnadenstoß. Die Weißen dringen vor, wollen sich auf den Shawano stürzen, die linke Hand schleudert das Wurfmesser, ein Virginier bricht zusammen, Kish-Kalwa mit den fünf anderen ist da, drei nach links, drei mit Tecumseh nach rechts, Röcheln, Stöhnen, Gebrüll, whoo-whoop, whoo-whoop kommen die »Hunde« über die letzten zwanzig Meter herangerast, kaum ein Schuß empfängt sie, alle Grenzer starren nach Tecumseh und seinen Leuten, die ja schon innerhalb der Brustwehr sind, schon sind fünfzig Rote herübergesetzt, Messer und Kriegskeule arbeiten, sie rollen nach rechts auf – –
Da geschah es . . .
Cata-he-cassa hatte seine dreihundert Mann, kampferprobte, ausgewählte Leute, bisher zurückgehalten. Er lauert im Rücken der weißen Front, glühende Augen spähen im Gebüsch, er sieht den Einbruch Tecumsehs, jetzt ist die Zeit gekommen. Seinen Unterführern hat er schon vorher Weisung gegeben, strengsten Befehl zu lautlosem Vorgehen. Und während die Grenzer am äußersten rechten Flügel nach vorn gegen Bluejackets Leute kämpfen und dabei unruhig auf den Kampflärm in der Mitte horchen, alle Augen der Weißen angstvoll immer wieder nach dem Zentrum abirren, gleitet es in ihrem Rücken leise in langen Sätzen heran . . . Hundert Mann wirft Cata-he-cassa den Weißen in den Rücken, hundert Mann zwischen die Brustwehr und

das Lager, mit hundert Mann eilt er hinter der weißen Front vorbei auf das Zentrum zu, an der Bresche vorbei, die Tecumseh mit den jungen Kriegern geschlagen hat.

Wütende Einzelkämpfe Mann gegen Mann, Bluejacket überrennt mit dem, was ihm noch übrig geblieben ist, die Brustwehr, die Grenzer fallen in Scharen, wehren sich verzweifelt, verbissen, mit dem Kolben, dem Messer, der Faust.

Da springt Daniel Boon auf, der ruhige Boon, der nie die Besonnenheit verliert, und brüllt: »Zurück, flieht, zurück zum Lager!« Sein Sohn folgt sofort, andere schließen sich an, ein geschlossener Trupp rennt in langen Sätzen dem Lager zu, es werden mehr, sie hauen nach rechts und links um sich, wer verwundet wird, den nehmen sie unter die Arme, die Roten schießen mit Pfeilen, mit Büchsen, mit Messern und Steinen in die Masse hinein, die hundert Leute Cata-he-cassas werfen sich ihnen entgegen, sie werden durchbrochen, was vom rechten Flügel der Weißen noch lebt, rast zurück, die Indianer wie Würgeengel hinterher, Tecumseh allen voran, hinterher, hinterher!

Da prasselt eine Salve aus dem Lager ihnen in die Flanke, der schlaue Boon ist nicht direkt ins Lager gestürzt, er hat die Verfolger an der Lagerfront entlang hinter sich her gelockt. Der General selbst hat sich an die Böschung geworfen, alle Offiziere, die Meldeläufer, die Schwerverletzten... Die Fliehenden schwenken ein, kaum im Lager, drehen sie um, geladen haben sie im Laufen, werfen sich hin, klar Kimme und Korn, ruhig zielen, ruhig, ru—hig... Schuß! Schuß! Schuß!

Die Verfolger fallen zurück, statt in einem Anlauf hineinzurasen, das Lager zu überrennen, weiter rechts gibt es noch mehr zu tun, selbst Tecumseh denkt so, und sie haben doch den Sieg schon in der Hand. Cornstalk ist nicht hier, Cornstalk brüllt und kämpft in der Mitte, Cornstalk wäre hinter den Verfolgten ins Lager gestürmt, hätte weit schärfer verfolgt.

Die alte Sitte, dem getöteten Feinde sofort den Skalp zu nehmen, statt ihn liegen zu lasssen und hinter den Fliehenden herzustürzen, ist der Grund des Mißerfolges. Man hat den Weißen zuviel Vorsprung gelassen, wer einen von ihnen erschlagen hat, mußte sich erst seinen Skalp holen, jetzt sitzen die Weißen im Lager.
In der Mitte ist noch viel zu tun, dort aber hat Oberst Field die Lage erkannt, er räumt das Zentrum, zieht sich, da er auch hinter sich Indianer erkennt, auf den linken Flügel zurück, der nach dem Angriff der »Schwarzen Schlange« hinter der Brustwehr neu aufgestellt worden ist. Er verstärkt in bebender Eile die Besatzung des Verhaus mit Soldaten, biegt die Linie der virginischen Scharfschützen ab, massiert sie auf engem Raum, und als die »Schlange« und Cornstalk angreifen, werden sie, obwohl an einigen Stellen die Indianer über die Brüstung setzen, im Handgemenge abgewiesen. Oberst Field fällt, aber die Schlacht steht.
Isaak Shelby übernimmt an seiner Stelle den Befehl, und was erst bedrohlich gewesen ist, wird zur Rettung für die Weißen. Vom Lager aus und von der Abteilung Shelby unter Feuer genommen, müssen die Roten knirschend den gerade gewonnenen Raum zwischen den beiden Abteilungen wieder aufgeben.
Die Schlacht steht, aber Cornstalks Löwenstimme grollt bald hier, bald dort: »Seid stark! Kämpft! Seid stark, sterbt! Seid Männer, schießt . . .!«
Bluejacket und Cata-he-cassa arbeiten sich an das Lager heran, näher und näher, Logans Büchse kracht trocken, Tecumseh schießt und schießt, noch einmal setzt die »Schwarze Schlange« an, jetzt gelingt es, die überflügelt rechts die Grenzer, faßt sie im Rücken. Shelby, schon längst entschlossen zum Rückzug auf das Lager gibt nach, die Roten hinterher, das letzte Stück der Brustwehr ist genommen. Aber die Grenzer wissen zu genau, worum es geht, links schlüpfen die härtesten von ihnen gar nicht erst

ins Lager ein, rechts schiebt sich John Sevier langsam wieder mit einer starken Schar hinaus: nicht einkesseln lassen, nicht umgehen lassen!
Warum hat Cata-he-cassa nicht das Lager gestürmt, als es noch fast unbesetzt war, alle Kämpfer draußen waren? – Jetzt ist es zu spät, Cata-he cassa!
Mittag ist längst vorüber, die Indianer kommen immer näher heran, die Sonne sinkt, Hunger und Durst plagt die Kämpfer, aber wer denkt daran! Cornstalk treibt eine Schar nach der anderen vor, sie schleichen sich aalglatt heran, und das Massenfeuer der Indianer bringt den Weißen schwere Verluste.
Es kann nicht mehr lange dauern, jeder sieht's, sie setzen zum letzten Sturm an, beide Parteien wissen, daß er gelingen wird, gelingen muß.
Der Zaubermann, der unverletzlich ist (alle Shawanos wissen es), kommt bis in die vordersten Reihen, singt Beschwörungen und Zauberlieder, da, hört ihr es. Shawanos, er dankt Nanabozho für den Sieg, so sicher ist er seiner Sache. Die Grenzer hören den Gesang, aber den Sänger können sie nicht sehen, sie ahnen, was er singt, und lockern finster das Messer im Gürtel. Gleich wieder wird das schauerliche whoo-whoop, whoo-whoop die Lichtung überschallen ... Sie können die Roten nicht sehen, sie sehen nur die Zweige sich bewegen, Grashalme schwanken, es kriecht näher, die Tapfersten überkommt ein Grausen ... Jetzt kommt der letzte Kampf um den eigenen Skalp.
Plötzlich Schüsse von der Seite des Ohio her, eine ganze Salve kracht wie ein Donnerschlag, Schmerzensschreie im Grase, eine sonderbare, vermummte Gestalt erhebt sich vom Boden mitten auf der Lichtung, einen grinsenden Bärenschädel auf dem Haupt, ein Bärenfell um den Körper geschlungen, aber doch kein Bär, denn das Ding da vorn ist mit Bändern, Stachelschweinsborsten, mit Federn und Tüchern behangen – kein Zweifel: der Zaubermann.
Die Schüsse von links her verwirren die Indianer, am

meisten aber den Zaubermann, der sich plötzlich den Feinden zeigt... Ist er unverletzlich?... gleich wird es sich zeigen... wenn er stirbt, kommt Unheil über den Stamm, hat er selbst kürzlich geweissagt... Er will sie zum Angriff vortreiben, zum letzten Sturm, aber die Shawanos starren ihn an, warten... wird er unverletzlich sein?

Cornstalk, Feind alles Aberglaubens, aber voll Entsetzen vor den Folgen der Tat des Medizinmanns, kommt trotz seines Alters in langen Sätzen herbeigerast, um ihn zu Boden zu zwingen... Zu spät, Daniel Boon, der trotz der bitteren Not im Lager die Besonnenheit nicht verloren hatte, hat das Schicksal in seine Faust genommen: er hat mit einer starken Schar die Front verlassen und die Indianer umgangen, sieht den Zaubermann, ahnt seine Bedeutung, legt an, zielt ruhig, schießt... der Medizinmann schreit brüllend auf, fällt zusammen.

Die Indianer heulen auf, die Schüsse vom Ohio her, gut gezielte Schüsse, dezimieren die Roten, die nach links keine Deckung haben, der Tod des Medizinmannes entsetzt sie, das Unglück will, daß Bluejacket, Hitzkopf und abergläubisch, auf dem linken Flügel befiehlt, er stürzt in kopflosem Schreck davon, seine Leute hinter ihm her, die Büchsen Daniel Boons und seiner Grenzer finden reiche Nahrung; auch das Zentrum gibt nach, der General erkennt die Lage, befiehlt den Ausfall, er braucht ihn nicht zu befehlen, alle haben es erfaßt, jetzt oder nie, sie stürzen hinaus...

Die Indianer fliehen, wenn auch Tecumseh, Cata-he-cassa, Logan rasen, Cornstalk zwei Rote mit dem Tomahawk niederschlägt, es hilft nichts...

Es geht zurück, zurück, unbarmherzig suchen die Kugeln Daniel Boons ihre Opfer, Scharfschützen, jeder Schuß trifft, er ist viel weiter im Rücken der Roten, als sie ahnen können, sie drängen nach dem Kanawha zu ab...

Da fliegt Cornstalk zu Tecumseh heran, der reißt Kish-Kalwa und ein paar andere mit, Logan, Cata-he-cassa und ein paar Getreue folgen, sie eilen voran – fliehen sie? – über die Lichtung, weiter, immer weiter, der Lärm des Gefechtes verhallt hinter ihnen. Dann machen sie kehrt, fangen die vordersten einzeln ab, schreien sie an, bedrohen sie, Cornstalks Löwenstimme erhebt sich noch einmal, schon hat jeder der Führer zwanzig, dreißig Krieger um sich gesammelt, der Kriegsruf erschallt von neuem, sie dringen vor, halten die Fliehenden auf, zwingen sie zur Umkehr, helfen den Kämpfenden, auch solche gibt es, die nur Schritt für Schritt zurückweichen – –

Es ist geschafft, sie stehen, sie dringen wieder vor, trocken knallen die Büchsen, zischend fliegen die Pfeile, die Bogensehnen schwirren; manch ein Grenzer, der gar zu siegestoll vordrang, verliert noch Leben und Kopfhaut.

Wieder steht die Schlacht, schnell kommt die Dämmerung, denn es ist Oktober, der erste Oktober 1774, das Gewehrfeuer läßt nach, das whoo-whoop verstummt. Der Gewinn des ganzen Tages ist verloren, verloren in wenig mehr als einer halben Stunde, das Entsetzen liegt den Indianern noch in den Knochen, der Zaubermann ist gefallen, Nanabozho zürnt, er wird den Mond verhüllen ...

Cornstalk kauert auf einem Baumstamm, die Decke über den Kopf geschlagen. Er kennt seine Leute ... es ist vorbei.

Die Weißen haben sich ins Lager zurückgezogen. Und indes ihre Wachen angstvoll in die Nacht starren, gewiß, das whoo-whoop wieder zu vernehmen, indes sie sich auf den letzten Kampf vorbereiten und General Lewis in seinem Zelt den Rückzug erwägt, kämpft der Führer der Shawanos gegen den Aberglauben, die arme Unwissenheit seiner Krieger – und er verliert. Abordnung auf Abordnung kommt zu ihm, verlangt den Abzug, und es bedarf doch nur eines einzigen Ansturms, die Feinde zu überrennen. Aber dazu freilich wären todesmutige Männer nötig, als die sie sich heute bis zum Falle des Zaubermanns gezeigt haben, keine zitternden Kinder, die sie jetzt sind. Bluejacket drängt am meisten auf Rückzug. Logan hält sich verächtlich abseits, selbst Cata-he-cassa ist unentschlossen. Die »Schlange« und Tecumseh rasen, die »Hunde« wollen allein zum Angriff vor, wenn Tecumseh sie führt, Cornstalk muß sie mit strengem Befehl zurückhalten. Cornstalk gibt nach. Überall sehen die Shawanos die Blutdämonen in der Nacht, sie glauben ihr höhnisches Flüstern im Winde zu hören. Berühmte Krieger überfällt ein Zittern ... Sie glauben sich schon in der Macht der Blutgeister und sie würden zu den Booten fliehen, wenn sie nicht die Schande fürchteten. Aber angreifen? Niemals? Cornstalk also gibt nach, er muß. Auf lautlosen Booten überfährt das Heer der Indianer den Strom, gleitet am jenseitigen Ufer hinab, den Wäldern der Heimat zu. Alle Verwundeten und die meisten Toten nehmen sie mit; es ist eine stille und bedrückende Fahrt den Ohio hinunter, die ganze Nacht durch schwimmt die Flotille, und spät erst erheben sich die Totengesänge. –

Fassungslos steht der weiße General am nächsten Morgen vor der tiefen Stille des Waldes, noch immer glaubt er, den dumpfen Kriegsruf zu hören, leise Späherschritte, leichtes Knacken der Äste ... Spät, gegen Mittag erst, schickt er Kundschafter vor, sie kehren lange nicht zurück, eine neue Teufelei?

Nein, endlich bringen sie Nachricht: die Indianer sind abgezogen.

Ein Drittel seines Heeres von fünfzehnhundert Mann ist tot oder schwer verwundet, jeder zweite von den übrigen hat leichtere Verletzungen, fast alle Offiziere sind tot. Aber General Lewis wird für heute und immer der Sieger von Point Pleasant hießen, während doch die wahren Sieger Daniel Boon und die abergläubische Unwissenheit armer Naturkinder sind.

Die Verluste der Indianer waren weniger schwer, betrugen nicht einmal die Hälfte.

Das war die Waldschlacht am Großen Kanawha, bei Point

Pleasant, »am lieblichen Ort,« wie die Stelle später wegen ihrer Naturschönheit genannt wurde.

Ta-ga-ju-tah und »Das eisgraue Haar«

Logan hatte, als die Shawanos nach dem Abbruch der Schlacht am Kanawha ihre Boote in den Ohio schoben, stumm und finster zugesehen, ohne auch nur einen Finger zu rühren. Und er stand noch regungslos im Schatten eines tief in das Wasser hängenden Weidenbaums, als das letzte Kanu in den Strom hinausglitt, als die ganze Flotte die eilig dahinziehende, breite Wasserfläche hinabschwamm und auch der allerletzte Nachzügler im Dunkel der Nacht verschwand.

Er war allein, sie hatten ihn nicht vermißt. Alle hatten ihre Verwundeten, ihre Toten mit in ihre Boote genommen, jeder hatte sich seines Bruders, seines Vaters, seines Sohnes angenommen, er aber hatte niemand mehr, für den er hätte sorgen können oder der sich um ihn gekümmert hätte. Sie lagen alle am Yellow Creek...

Auch die Mörder waren tot, der letzte von ihnen war heute von Tecumseh erschlagen worden (der Shawano hatte es ihm mitten im Tumult der Schlacht melden lassen) – er war gerächt; was wollte er noch? Was hatte er, der Irokese, noch mit diesen Shawanos zu tun?

Tecumseh, den er geliebt hatte wie einen Sohn, hatte er verloren, denn Tecumseh verachtete ihn, das hatte Logan deutlich genug gefühlt.

Nun stand er hier allein, die gurgelnd gleitende Wasserfläche des Ohio vor sich, die ungeheuren Wälder seiner Heimat um sich, die sich brausend unter dem Nachtwind beugten, und hinter ihm stand das Heer der Weißen. Jetzt

würden sie ihn hetzen ... aber dafür hatte er nur ein Achselzucken. Mochten sie, so kam es bald zum Ende.
Er stand und starrte, vor seinen Augen erschienen die Kinder und Frauen, die er in seinem wahnsinnigen Rachedurst mit eigener Hand erschlagen hatte, deren Skalpe er an sich genommen hatte, er hörte ihr Jammern wieder, sah die entsetzten Blicke seiner Opfer, und das Grauen übermannte ihn. Er wollte zur Whiskyflasche greifen, aber mit wildem Blick schleuderte er sie ins Wasser. – –
Er konnte sich später nicht mehr daran erinnern, wie er in den Monongahela gekommen war, aber ein Bote, der von der Regierung Virginiens an Lord Dunmore unterwegs war, erzählte einige Tage später dem Grafen, er sei bei seiner Fahrt den Ohio hinunter in der Morgendämmerung des 2. Oktober einem einsamen Indianer begegnet, der in seinem Kanu den Strom hinaufuhr und dabei ein Lied gesungen habe. Der Indianer habe die irokesische Sprache gebraucht, und darum habe er, der Bote, ihn nur unvollkommen verstanden. Aber so viel habe er begriffen, daß in dem Lied davon die Rede war, Ta-ga-ju-tah, der Cayuga, sei gestorben, seine Seele sei gestorben, der große Häuptling der Irokesen sei tot und sein Leib fahre jetzt die Wasser auf und ab, finde keine Ruhe, aber Ta-ga-ju-tah sei tot...
In dem Liede sei immer wieder davon die Rede gewesen, Ta-ga-ju-tah sei tot, sei gestorben, und obwohl der Bote dicht an dem Kanu des Indianers vorbeigefahren sei, habe der ihn doch nicht bemerkt. Der Weiße habe den Roten für irrsinnig gehalten und ihn darum unangefochten passieren lassen, ja, er gestand, es sei ihm nicht ganz geheuer gewesen, und obwohl sonst kein Angsthase, sei er eiligst weitergerudert, denn der Mann habe ausgesehen, als sei er selber der Tote gewesen, von dem das Lied sprach.
Es wird wohl wirklich Logan gewesen sein, dem der weiße Waldläufer begegnet war; Logan jedenfalls fand sich hungrig, erschöpt und halb verdurstet eines Tages am Ufer

der Mündung des Blauen Flusses in den Monongahela liegen, und es bedurfte langer Zeit, bevor er erkannte, wo er war. Er fing sich ein paar Fische, briet sie im Feuer und saß dann den ganzen Tag über in finsterem Brüten am Flusse.

Er achtete auf nichts in seiner Umgebung; der Tag ging hin, ohne daß er es bemerkte, und als der Abend kam, sah er auch nicht die Schatten, die vor seinen Füßen über den Sand liefen, er hörte nicht das Knacken des Zweiges hinter sich, er vernahm auch nicht das leise Geräusch schleichender Schritte in seinem Rücken, er war umstellt und er wußte es nicht, bis er dicht neben sich ein paar laute Worte hörte:

»Ein Mann ohne Ohren, ohne Augen und ohne Nase; es ist der Mühe nicht wert, meine Brüder.«

Das war irokesisch, er hörte es wie aus weiter Ferne, sah auf und sah sich von etwa vierzig Indianern umgeben, die er interesselos betrachtete, und zwar auch dann noch, als er sie als Irokesen, als Leute seines eigenen Volkes erkannt hatte. Die Indianer, die spottend herankamen, verstummten vor seinem toten Blick. Mit dem feinen Instinkt der Naturkinder erkannten sie: hier saß ein vom Unglück gebrochener Mann. Und ihre Erziehung hatte sie Ehrerbietung vor dem Unglück gelehrt. Sie umstanden ihn schweigend im Kreise, bis eine Bewegung an einer Stelle entstand und ein alter Häuptling sich durchdrängte. Kaum hatte er Logan erblickt, der immer noch gleichgültig am Boden kauerte, da rief er aus:

»Was tut der Häuptling der Cayuga hier am Blauen Fluß? Die Shawanos sind weit von hier. Will Ta-ga-ju-tah zu seinem Volk zurückkehren?«

In die Rufe des Erstaunens der Umstehenden mischten sich Töne der Ehrerbietung und der Bewunderung: »Wa! Dies ist Ta-ga-ju-tah, der Cayuga.« Logan aber entgegnete der Frage des Häuptlings unbewegt:

»Die jungen Leute der Seneca vom Volke der Konoschi-

oni* kennen das Antlitz Ta-ga-ju-tahs nicht mehr, o Gieng-watha. Und Ta-ga-ju-tha kennt die Seneca nicht mehr und die Cayuga nicht mehr und die Konoschioni nicht mehr. Ta-ga-ju-tah ist auf dem Wege zu Orenda**. Laßt ihn allein.«
Gieng-watha, »Der im Rauche geht«, sah lange und nachdenklich auf den Cayuga hinab, ohne eine Antwort zu geben. Dann wandte er sich seinen Gefolgsleuten zu:
»Ein großer Krieger unseres Volkes sucht die Ruhe. Seht ihn an, ihr jungen Leute der Seneca, vor denen alle Völker im Umkreis erzittern.
Seht Ta-ga-ju-tah an und seid wie er: kühn, listig, ehrlich und ohne Gnade.«
Wieder nach einer Pause fuhr Gieng-watha, zu Logan gewandt, fort:
»Wir gehen, o Ta-ga-ju-tah. Nicht weit von hier wohnte ein weißer Mann mit seiner Familie. Er soll deiner Seele dienen, wenn sie in den ewigen Jagdgründen weilt. Dies sei die Gabe Gieng-wathas an einen großen Häuptling seines Volkes. Sieh, ich lege seinen Skalp vor dich hin.«
Gieng-watha tat, wie er gesagt hatte. Jeder der Indianer legte die rechte Hand an die Stirn, verbeugte sich tief und zog sich dann schweigend zurück; bald schlug das Gebüsch hinter dem letzten von ihnen zusammen. Ta-gu-ja-tah aber starrte stumpf auf einen Haarschopf, dessen gelbblonde Haare in den Strahlen der Sonne des späten Tages erglühten.
Nach langer Zeit stand er auf, schritt über die blutige Kopfhaut am Boden hinweg an das Wasser, legte alle Kleider ab und schritt bis zu den Hüften in den Fluß. Hier tauchte er mehrmals vollständig nieder, dann wusch er sorgfältig seinen Körper, Kopf, Arme und Beine und wollte an Land zurückgehen.

* So nannten sich die Irokesen in ihrer Sprache
** Orenda – die irokesische Bezeichnung für den »Großen guten Geist«

Das kühle Wasser hatte ihn erfrischt, er richtete sich auf und sah zum Ufer hin – da fiel sein Blick auf den Skalp, und da plötzlich schrie er auf ... Was hatte Gieng-watha gesagt? »Nicht weit von hier wohnte ein weißer Mann mit seiner Familie ...«
Der einzige Weiße, der hier am Blauen Fluß allein mit seiner Familie wohnte ... Der Häuptling taumelte. Gieng-watha hatte von keiner Siedlung gesprochen, er hatte von einem einzelnen Manne geredet ... Das Gelbe Haar! Er konnte nur Wagner gemeint haben, Friedrich Wagner, seinen weißen Freund ... Und dessen Frau? Und sein kleiner Sohn, Fritzel, »das Kleine Blaue Auge«?
Logan stürzte ans Ufer, beugte sich angstvoll über den Skalp, griff sich unwillkürlich an die nackte Hüfte, suchte mit zitternden Händen die Kriegskeule, blickte wild umher, sah sie bei seinen Kleidern am Boden liegen, riß sie empor und machte eine Bewegung, als wolle er in der Richtung davonstürzen, in die vorhin Gieng-watha fortgegangen war.
Aber er hielt an. »Später«, flüsterte er vor sich hin. »Später – vielleicht kann ich noch helfen.«
Helfen! Das war plötzlich wie in früheren Zeiten sein erster Gedanke. Dem einzigen Freunde helfen, der ihm noch geblieben war! Er warf sich in seine Kleider, nahm Büchse und alle Waffen auf, schob sein Kanu in den Fluß, sprang hinein und fuhr den Fluß hinauf. An der bekannten Stelle verließ er ihn, es war Nacht geworden, aber er fand seinen Weg. Beim Morgengrauen stand er auf der Lichtung, auf der er vor Monaten zusammen mit Tecumseh und den Boten der Lenni Lenape Friedrich Wagner den Frieden und den Schutz der roten Stämme zugesichert hatte. An die Irokesen hatten sie nicht gedacht, sie waren nicht benachrichtigt worden, sie wußten nichts vom Gelben Haar und seiner Freundschaft mit dem roten Mann. Aber wann waren schon jemals Irokesen auf ihren Kriegszügen hierher gekommen? Sie waren am Schoharie zu Hause, drüben

im Osten, im Kirschental ... was wollten sie hier? Wer hätte ahnen können, daß ihre Raublust sie bis hierher führen sollte?
Logan stand auf der Lichtung am Waldrande, die Nebel zogen, es war noch tiefe Dämmerung ... aber warum sah er die Blockhütte nicht? Hier hatte er damals die beiden Bären getötet, in jener Zeit, als er noch glücklich gewesen war. Von hier aus konnte man die Hütte sehen, er wußte es genau, und er sah sie doch nicht!
Er schleppte sich mehr als er ging über die Rodung, er wußte ja, was ihn erwartete. Hatte er nicht selbst oft genug Blockhäuser über den Leichen aller ihrer Bewohner in Brand gesteckt und sich dessen in seiner Trunkenheit noch gerühmt? Warum frohlockte er heute nicht? Die Balken rauchten noch, es war sogar noch Glut im Holz, und er suchte in der Asche.
Er fand, was er suchte: ein Mann, eine Frau und ein Kind waren tot.
Ein Mann, nur ein Mann ... wo waren die Knochen des anderen? Wer war der Tote? Hinnerk oder Friedrich?
Das mußte er wissen, Müdigkeit und Entsetzen fielen von ihm, noch einmal fühlte er die Kraft in den Muskeln, er suchte nach Spuren, das Jägerblut erwachte noch einmal. Bald hatte er entdeckt: die Irokesen waren von der Siedlung her gekommen.
Und dort? Was war dort geschehen?
Er nahm sein Messer in die Linke, die Kriegskeule in die Rechte, warf die Büchse über und setzte sich in Trab, trauern konnte er später.
Lautlos wie der Luchs, der seine Beute beschleicht, rasch und furchtlos wie der Panther, der keinen Feind zu fürchten hat, so bewegte er sich vorwärts, Blick zur Erde, Blick nach vorn, Blick nach den Seiten und in den Wald hinein.
Dann war er vor der Siedlung, er atmete auf: sie stand unversehrt. Aber die Tore waren geschlossen, unschwer

erkannte er Wachen in den Eckhäusern, kein Vieh war auf den Feldern.

Er umschlich das Dorf von allen Seiten und bald wußte er genug: Gieng-watha hatte hier angegriffen, war aber abgewiesen worden, mit starken Verlusten. Er kannte den Seneca-Häuptling, er wußte, was das bedeutete ... Und er las aus den Spuren: als Gieng-watha gesehen hatte, daß er nichts ausrichten konnte, war er abgezogen, hatte die Hütte Wagners entdeckt, überfallen und alle Insassen ermordet.

Alle? Nein – einer hatte gefehlt. Wer weiß, wo der lag! Oder lebte er noch?

Er mußte es wissen. Er brach einen grünen Zweig von einem Baum, schwang ihn über dem Kopf und trat aus der Deckung. Er wurde sofort bemerkt und angerufen, wartete, bis er eine Anzahl Weiße beisammen sah, legte dann deutlich, so daß es alle sehen konnten, seine Waffen am Waldrande nieder, darauf trat er ins Freie.

Aber er war vorsichtig: er wollte jetzt nicht sterben, jetzt noch nicht, sondern wissen. Wenn sie ihn erkannten, würden sie nach ihm schießen?

Ja, sie taten es, kaum, daß er seinen Namen genannt hatte; nur weil die Wut sie übermannte und ihre Flinten zittern ließ, entging er ihren Kugeln, nicht aber den Namen, die sie ihm nachriefen. Spion und Kindermörder waren noch die sanftesten Worte, die er hörte.

Finster hockte er zwei Stunden am Waldrand, dann schlich er davon, dem Hause Wagners zu. Am Nachmittag kam er dort an, er hatte seit gestern nicht gegessen, aber das wußte er gar nicht.

Als er die immer noch rauchenden Trümmer betrat, zuckte er zusammen. Dort saß, an die verkohlten Reste einer Balkenwand gelehnt, mit dem Rücken gegen ihn, ein Mann. Er saß zusammengekrümmt da, der Hut war ihm vom Kopfe gefallen, er stierte auf einen kleinen Gegenstand hin, den er in den Händen hielt; es war ein kleiner Kinderschuh, ein lederner Mokassin von der Art, die er, Logan, der Freund der Kinder, früher seinen jungen Freunden als Geschenk mitgebracht hatte. Der Mann dort hatte eisgraues Haar und sein Gesicht war so bleich wie sein Haar.

Logan stand regungslos. Dort saß Friedrich Wagner, der früher »Das Gelbe Haar« geheißen hatte, vor den verkohlten Leichen seiner Angehörigen.

Wo war er gewesen, als Logan am Morgen die Trümmer durchsucht hatte? Zu Wagners Füßen sah er einen Skalp liegen, einen Irokesenskalp. Wagner, der milde Wagner, nahm Kopfhäute?

Lautlos zog der Irokese sein Messer, nahm es in die linke Hand, faßte es am Griff, so daß der ein wenig über die Faust hinausstand, und verbarg es an seiner Seite. Dann trat er nahe hinzu, holte tief Atem, sehr tief, und sagte mit dunkler Stimme:

»Mein Bruder, dein Leid ist groß –.«

Weiter kam er nicht, Wagner war aufgesprungen, sah den Indianer, brüllte auf, seine Büchse flog an die Schulter, der Schuß krachte, dann wurde es dunkel um ihn.

Logan beugte sich über den Körper seines früheren Freundes. Der Deutsche hatte dem Indianer zu nahe gestanden, der hatte mit der Rechten die Büchse beiseite geschlagen und ihm mit der Linken den Griff seines Messers an die Schläfe geschmettert. Der Bauer war aufstöhnend zusammengebrochen.

Der Cayuga band dem Überwundenen Bogensehnen um die Füße, band ihm die Hände auf dem Rücken zusammen, dann behorchte er die Brust Wagners und wartete.

Er mußte lange warten. Er kauerte auf der Erde, in sich zusammengekrümmt, die Hände auf den Boden herabhängend und den Kopf auf die Brust gesenkt. Von Zeit zu Zeit griff er in die Asche und streute sich eine Handvoll davon über den Kopf, auf die Schultern.

Immer tiefer sank der Indianer in sich zusammen. Dachte er der frohen Tage, die er hier verlebt hatte, als die Hütte noch stand? Dachte er daran, wie er den kleinen Sohn des deutschen Bauern vom Fieber geheilt, wie er ihn und seinen Vater vor den Bären gerettet hatte? Dachte er an seine erste Begegnung mit Friedrich Wagner, als dieser als Gefangener Cornstalks in Chillicothe weilte? Dachte er seines eigenen toten Kindes, das hingeschlachtet worden war wie das Söhnchen dieses Mannes?

Oder dachte er an alle die Toten dieses verheerenden Sturmes, der über dieses schöne, weite und große Land dahingestoben war und mehr Menschen gefällt hatte, als ein Sturm je Bäume fällte? Warum gönnten sie sich nicht die Luft der freien Berge, die einsamen Wanderungen in den dunkelgrünenden Wäldern, die Fahrten auf den hellen Strömen? Warum mußten sie schießen, rauben und morden? Erst schlug der eine zu, der Geschlagene erschlug andere, das Blut der Getöteten wurde an Unschuldigen gerächt, Unschuldige wurden zu Mördern.

Der Indianer stöhnte nicht und weinte nicht, er starrte vor sich hin und saß regungslos, fast hatte er den Weißen vor sich vergessen. Aber Wagner regte sich, erwachte aus der Betäubung, der Häuptling holte Wasser aus dem Bach und goß es dem Gefesselten über das Haupt. Nun waren beide wach.

Der Deutsche zerrte an seinen Fesseln, aber sie lockerten sich nicht; da überschüttete er den Roten mit wilden Verwünschungen und Drohungen. Der rührte sich nicht und sah stumm den vergeblichen Bemühungen des anderen zu, bis dessen Anstrengungen nachließen.

Dann begann Logan zu sprechen, Wagner unterbrach ihn, aber Logan ließ sich nicht stören, er sprach mit dunkler, trauriger Stimme, und er erzählte dem früheren Freunde, was er erlebt hatte, seit damals Tecumsehs Bruder die Nachricht gebracht hatte, alle seine Angehörigen seien ermordet.

Er verschwieg nichts, beschönigte nichts, erzählte genau, wen er getötet hatte, wieviel Frauen, wieviel Kinder. Wagner unterbrach ihn nicht mehr, aber seine Wut wuchs von

Minute zu Minute. Logan starrte ins Weite und bemerkte nichts.

Als er geendet hatte, sagte er noch:

»Siehe, mein Bruder, das war der Wahnsinn, und Logan will büßen seinen Wahnsinn. Logan war ein Christ, und er hatte vergessen die Worte des guten Gottes. Logan will büßen. Aber vorher bittet er dich, mein Bruder: folge nicht dem Wahnsinn, sei ein Mann, mein Bruder, und schade nicht deiner Seele. Sei ein Christ, und räche dich nicht.«

Der Häuptling erhob sich und sprach feierlich zu dem Gefesselten: »Siehe, mein Bruder, deine Seele ist gefesselt, wie dein Körper gefesselt ist. Laß ab von dem Wunsch nach Rache, von dem Wunsch nach Blut. Unglück war dein Teil, aber bringe nicht du Unglück über Unschuldige und Finsternis über deine Seele.«

Da aber hielt Wagner nicht länger an sich, der Schmerz war noch zu neu, die Wut die Empörung überwältigten ihn, er bäumte sich in seinen Fesseln und brüllte Flüche, Verwünschungen und Drohungen, er schwur, er werde alle Roten töten, die vor seine Büchse kämen, und er schrie und raste, bis er nur noch röcheln konnte. Sein Röcheln aber ging unter in einem fassungslosen, hohlen Schluchzen, in einem Weinkrampf, der den großen Körper des starken Mannes schüttelte wie ein Panther das junge Reh schüttelt, das er im Rachen trägt.

Logan sah gebeugt dem Hemmungslosen zu, er sprach begütigend immer wieder auf ihn ein, er blieb die ganze Nacht und den ganzen nächsten Tag bei ihm. Aber Wagner verfiel in ein finsteres, düsteres Schweigen, in seinen Augen brannten Schmerz und Rachedurst, immer wieder knirschte er, er werde Logan erschlagen, sobald er erst frei sei, Logan solle ihm nur die Fesseln abnehmen, Logan sei ein roter Hund wie alle die anderen Roten auch, eher sei kein Frieden, keine Ruhe, ehe nicht alle Indianer vom Erdboden vertilgt seien. Der ungeheure Schmerz Friedrich Wagners verwandelte sich immer mehr und mehr in einen

einzigen Wunsch: Rache, Rache an allem, was rot war...
Er verweigerte alle Nahrung, und Logan blieb nichts übrig, als auch die nächste Nacht bei dem früheren Freunde zu bleiben. Immer noch hoffte er, Wagner besänftigen zu können.
In dieser Nacht hörte der Indianer, als Wagner gerade für kurze Zeit eingeschlafen war, leise Geräusche auf der Lichtung. Er horchte auf, der erfahrene Jäger wußte sofort Bescheid: das waren weiße Leute, die sich heranzuschleichen versuchten. Indianer waren lautloser. Jetzt riefen sie sogar leise den Vornamen Wagners. Der Häuptling huschte zur entgegengesetzten Seite aus den ausgebrannten Trümmern der Hütte hinaus, als die Weißen herzukamen. Es waren acht Männer, er konnte sie zählen, so nahe kamen sie ihm, er erkannte die Stimme Konrad Wulfs, hörte einen Schreckensruf – sie hatten offenbar den Körper des Schlafenden entdeckt und hielten ihn wohl gar für tot. Aber Wagner nahm ihnen bald alle Befürchtung.
Der Irokese zog sich weiter zurück. Gerade zur rechten Zeit, denn Wagner fragte sofort nach Logan, und als die Weißen hörten, er müsse soeben noch dagewesen sein, schossen zwei von ihnen blindlings in die Nacht hinaus. Konrad Wulf untersagte sofort unnötige Pulververschwendung, aber nicht aus Freundschaft, sondern aus Vorsicht. Logan verstand in der Stille der Nacht jedes Wort, das sie sprachen.
Sie verstummten urplötzlich, als sie einen Indianer in gutem Englisch aus der Finsternis her deutlich sagen hörten: »Die weißen Leute sind Kinder. Die Wälder können voll sein von Irokesen, und sie schreien wie junge Hunde.«
Der Indianer machte eine Pause. Nach einer Weile hörten sie ihn, nun schon aus größerer Entfernung, noch einmal sprechen:
»Gelbes Haar, der du nun Eisgraues Haar bist, mein Bruder: was du auch tust, niemals hebt Ta-ga-ju-tah eine Waffe gegen dich.

Sei ein Mann, folge nicht dem Brennen in deinen Augen, folge nicht dem Durst in deinem Herzen. Sei stark und sei ein Mensch.

Ta-ga-ju-tah war ein wildes Tier. Sei ein Mann, mein Bruder, bleibe ein Mensch!«

Dann hörten die Weißen nichts mehr.

Friedrich Wagner verschwand in dergleichen Nacht für immer aus den Augen seiner Nachbarn von der Siedlung am Blauen Fluß. Sie hörten nie mehr von ihm. Viele Jahre später aber brachte ein reisender Händler im Dorfwirtshaus ganz zufällig die Rede auf einen weißen Mann, der zum Schrecken der Irokesen geworden, der jeden von ihnen, der ihm in den Weg kam, ohne Warnung, ohne ihm Zeit zur Gegenwehr zu lassen, erschieße; der Weiße nehme jedem getöteten Indianer den Skalp, und wenn er einmal in ein Dorf von Ansiedlern komme, um Pulver zu kaufen, hingen immer ein paar frische Kopfhäute an seinem Gürtel. Der Mann sei flüchtig und scheu wie ein Tier des Waldes, er habe keine Hütte, keinen ständigen Wohnplatz, schlafe in den Bäumen oder tief im Gebüsch, und sein einziger Lebenszweck scheine die Jagd auf Irokesen zu sein. Wie er heiße, wisse man nicht, aber er werde allgemein »der blutige Deutsche« genannt, denn ein Deutscher sei er. Und er habe auch einmal erzählt, er habe Giengwatha, den Seneca-Häuptling, getötet. Das könne jedoch nicht wahr sein, denn der Seneca müsse hier, am Blauen Fluß, gefallen sein, sei er doch von seinem Streifzug gegen die Siedlung hier nicht heimgekehrt.

In der Nacht, die auf diesen Tag folgte, und in vielen anderen Nächten betete Konrad Wulf, der geglaubt hatte, er habe das Beten verlernt, lange und inbrünstig für das Seelenheil seines Schwagers Friedrich Wagner.

»So, so, nun wollen sie also Frieden schließen, die roten Herrschaften? Haben sie so bald schon genug, haben sie Angst vor meinem Heerhaufen?«

»Angst, Mylord? Ich weiß es nicht, ich glaube fast sie haben genug Skalpe, genug ehrenvolle Wunden, genug Geschichten für das Herdfeuer im Winter . . .«

»Und der alte Cornstalk tobt, sagt Ihr?«

Lord Dunmore ging mit großen Schritten in seiner Blockhütte auf und ab. (Virginier, geübte Holzfäller, hatten sie in zwei Tagen aufgebaut.

»Er brüllt wie ein kranker Löwe, Mylord. Cata-he-cassa ist nicht minder hitzig. Ein Glück, daß Logan im Walde sitzt und sich nicht rührt.

Aber das kann sich ändern. Und wenn Logan noch einmal aufsteht . . .«

»Das kann sich ändern, sagt Ihr, Girty? Wie meint Ihr das?«

»Je nun, Mylord, Logan liebt Tecumseh, den jungen Shawano. Der ist jetzt bei den Lenni Lenape, bei Bukongahelas. Aber Cornstalk hat nach ihm geschickt, ihn gebeten, er möge versuchen, Logan zum Kriege zu bewegen. Wenn Logan für den Krieg redet, dann ist Krieg, Mylord . . .«

»Wer ist der Bote an Tecumseh?«

»Die Schwarze Schlange, Mylord . . .«

»Euer Bruder, Simon Girty?« fragte lauernd der Graf.

»Mein Bruder, Mylord« sagte ruhig der Händler. »Er hält die Roten für bessere Menschen als die Weißen – und ich kann's ihm nachfühlen.«

Der Graf blieb stehen.

»So, so, Ihr könnt's ihm nachfühlen, Simon Girty. Wollt wohl auch zu den Roten übergehen?« fragte er ihn spöttisch.

»Kann schon noch kommen, Mylord«, sagte achselzuckend der andere.

»Mann, das sagt Ihr mir, mir, dem Gouverneur der Krone von England, mir, dem Ihr Kundschafterdienste leistet? Und Ihr wollt wohl noch, ich soll Euren Worten trauen ...?« fuhr der Lord auf.

»Kann schon noch kommen,« wiederholte der Händler gleichmütig. »Ist ja wahr, sie haben meine Eltern umgebracht, aber das ist jetzt vierzig Jahre her, wir beide waren damals drei Jahre alt, James und ich. Was wissen wir davon, was können wir davon wissen, sagt es selbst, Mylord. Und waren ja die Seneca die Mörder ... Aber was wir wissen, das ist, daß sie uns aufgezogen haben, mich die Oneida, ihn die Shawanos. Sie haben uns ernährt, gekleidet, erzogen ... Jawohl, erzogen, Mylord. Ich kann nicht lesen und kann nicht schreiben, aber das Wild im Walde, den Feind in der Wildnis, den Freund im Dickicht – die weiß ich zu finden, Mylord. So gut, Mylord, daß ich's mit dem da auch noch aufnehme, der da draußen steht, mit Daniel Boon, Eurem Schützling. James heißt jetzt die ›Schwarze Schlange‹ und ich – nun, ich heiße auch irgendwie bei ihnen. Das tut nichts zur Sache.«

Der Händler lachte.

»Fast müßte ich sagen: die Schwarze Schlange heißt jetzt manchmal James Girty, denn ‚Schlange' – das ist so gut wie sein erster Name. Daß wir einen anderen, einen weißen Namen auch haben, das haben wir ja erst später erfahren.«

Der Lord war nachdenklich stehengeblieben.

»Haltet das, wie Ihr wollt, Simon Girty. Aber sagt selbst: warum soll ich Euch trauen? Woran erkenne ich, daß Ihr die Wahrheit sagt?«

»Weiß nicht, Mylord, woran Ihr das erkennen könnt. Aber wenn Ihr meint, ich sei ein Freund der Roten, so habt Ihr recht. Wenn Ihr Krieg wollt, dann wartet, bis Tecumseh zu Logan geht. Denn wenn ein alter Mann wie Cornstalk einen jüngeren bittet, dann muß er folgen. So verlangt es die indianische Erziehung, das wißt Ihr so gut wie ich.

Wenn Ihr es nicht wißt, so kann es Daniel Boon Euch jederzeit bestätigen.
Wenn dann Tecumseh Logan bittet, der einzige, der Ta-ga-ju-tah – verzeiht: den Logan noch liebt, so wird Logan zum Kriege aufrufen. Ich glaube ohnehin, daß er den Tod sucht – wo findet er ihn schneller als im Kriege?«
Der Kundschafter schwieg, und Lord Dunmore sah nachdenklich in das tief gebräunte, listig verschlagene Gesicht seines Untergebenen. Nach einer Pause fuhr Girty fort:
»Ihr wollt den Frieden, Mylord. Nun gut, ich will es auch. Warum Ihr ihn wollt, das weiß ich nicht« – er lächelte bei diesen Worten, aber der Graf schien es nicht zu bemerken –, »ich wünsche Frieden, weil ich weiß, daß Shawanos doch unterliegen müssen. Die Irokesen seid Ihr los, seit Gieng-watha tot ist, den Miamis, die dem alten Cornstalk Hilfe versprochen hatten, habt Ihr die Sioux auf den Hals gehetzt –«.
Hier unterbrach ihn der Gouverneur. »Das ist nicht wahr, Girty. Ich habe keine Verbindung mit den Sioux, sie sind von selbst auf den Kriegspfad gezogen . . .«
Girty lächelte wieder: »Ihr habt keine Verbindung mit den Sioux, kann sein, Mylord. Ihr werdet mich nicht belügen. Aber da ist der Oberst Fitzpatrick (vor vier Jahren war er noch Major, Mylord, als er in Chillicothe den Vertrag mit den Shawanos schloß), der verlebt seine freien Tage – gerade jetzt bei den Winnebago-Sioux. Er brauchte Erholung, der Oberst Fitzpatrick, und er sucht sie bei den Sioux, die von jeher die Feinde der Miamis sind.«
»Ich kann ihm nicht verbieten, seine freie Zeit bei den Winnebagos zu verbringen. Fitzpatrick hat nun einmal eine Schwäche für die Roten; die Miamis kannte er schon, da wollte er diesmal wahrscheinlich die Sioux kennenlernen . . .«
»Wie dem auch sei, Mylord, er ist bei den Sioux, und gerade in diesem Sommer, und gerade jetzt fallen die Sioux bei den Miamis ein, jetzt, wo die Shawanos die Miamis als

Bundesgenossen brauchen könnten. Alle ihre Krieger mußten die Miamis gegen die Sioux aufbieten, um ihre Wigwams zu verteidigen, nicht einen Mann konnten sie Cornstalk zu Hilfe senden – und darum müssen die Shawanos jetzt um Frieden bitten. Ein tüchtiger Mann, der Oberst Fitzpatrick!«

Jetzt konnte der Lord ein zufriedenes Lächeln nicht verbergen.

»Und sogar ohne daß Cornstalk die Miamis hatte, wärt Ihr verloren gewesen, wenn nicht der Medizinmann gefallen wäre ... Nur eine halbe Stunde später und das Lager am Kanawha wäre in den Händen Cornstalks gewesen, und es gäbe heute keinen General Lewis mehr. Die Dummheit des Zaubermanns und der Aberglaube der Indianer haben auch Euch gerettet, Mylord.

Hier steht Ihr vor Chillicothe: aber in Eurem Rücken sind die Lenape und vor Euch die Shawanos, rings um Euch ist Urwald. Sie hätten Euch einzeln abgeschossen ...

Jetzt freilich ist's zu spät, General Lewis hat Glück gehabt am großen Kanawha, seine Truppen haben sich mit den Euren vereinigt, jetzt sind die Indianer mutlos, jetzt kann Cornstalk nicht mehr siegen. Das weiß er so gut wie Ihr. Aber er will kämpfen und sterben – und was nützt Euch ein toter Cornstalk?« Den letzten Worten hatte Girty unbewußt einen lauernden Ton gegeben.

»Wie meint Ihr das, Mann?« fuhr der Lord wieder auf.

»Ihr wißt, wie ich's meine, Mylord. Cornstalk ist ein großer Häuptling. Er hat seine Truppen am Kanawha besser geführt als Euer berühmter General, das sagen alle, die etwas davon verstehen, sogar Daniel Boon sagt es. Er kann Euch einst ein guter Bundesgenosse werden, wenn diese Mitschi malsa*, diese virginischen Raufbolde, von England abfallen wollen ...«

* »Lange Messer«, der Name, den die Indianer den Virginiern gegeben hatten (Algonkin-Sprache)

»Schwatzt keinen Unsinn, Girty.« Der Lord sah vorsichtig zur Tür hinaus. »Und vor allem: schwatzt nicht so laut.«
Er ging nachdenklich wieder hin und her, schließlich stellte er sich an eine der Fensterluken und sah auf das Treiben im Lager hinaus. Ehrerbietig nahm ein gerade vorbeigehender Offizier den Hut vor dem Gouverneur ab, doch der bemerkte es gar nicht, so tief war er in seine Gedanken versunken.
Der Kundschafter und Händler wartete gelassen.
Schließlich wandte sich Graf Dunmore wieder um.
»Es ist gut, Girty, geht zu den Shawanos, sagt ihnen, ich biete Frieden. Sie sollen ihre Unterhändler schicken; binnen drei Tagen will ich Antwort haben. Ist sie bis dahin nicht erteilt, so greife ich an.«
Erfreut sagte der Waldläufer:
»Ich hoffte, daß es so kommen würde, Mylord. Und ich danke Euch. Nun will ich sehen, ob Cornstalk Vernunft annimmt.«
Der Lord gab dem Waldläufer noch einige genaue Instruktionen, dann verabschiedete er ihn und ließ sich vor dem roh zubehauenen Tisch in der Hütte nieder.
Wie so oft beugte er sich auch heute wieder über die selbstgezeichnete Landkarte, die auf der Tischplatte lag, und ging in Gedanken die Ereignisse der letzten Tage durch. In seiner Umgebung wußte kein Mensch, in welcher Gefahr der Graf mit seiner »Armee« gewesen war; nur er selbst hatte geahnt und zuletzt erkannt, was es bedeutete, als die Kundschafter meldeten, die Indianer vor ihnen seien plötzlich verschwunden und Chillicothe sei von allen Kriegern verlassen. Er allein hatte den Kriegsplan Cornstalks erkannt: erst den General Lewis am Kanawha schlagen, dann war ihm auch der Lord sicher, der sich viel zu tief ins Indianerland gewagt hatte. Und Lord Dunmore wußte, wie richtig die Rechnung war: schlug Cornstalk wirklich den General Lewis, so hätte diese Niederlage englischer Waffen auch die letzten noch schwankenden

Stämme auf die Seite Cornstalks gebracht, dann wären die Lenni Lenape, die ohnehin nach Rache und Skalpen lechzten und als Krieger den Shawanos eher überlegen waren, mit doppelter Zuversicht in den Kampf gegen ihn gezogen. Sie schwärmten schon jetzt blutgierig im Rücken seiner Abteilungen umher. Er hatte, als er die Lage erkannte, schleunigst ein befestigtes Lager hier auf der Hochebene vor Chillicothe aufgeschlagen, um Meldungen aus dem Süden abzuwarten.

Die Meldungen kamen nicht, dafür war vor drei Tagen General Lewis mit seinen Truppen zu ihm gestoßen, er sowie seine Leute unerträglich aufgeblasen durch seinen Sieg; und seit drei Tagen forderten die Virginier den Angriff auf Chillicothe, Ausrottung der Shawanos. Nur die englischen Truppen waren ihm sicher, sie waren Soldaten und gehorchten aufs Wort. Sie hatten keine Rache zu kühlen und keine Heimat zu verteidigen. Seine Virginier waren wütend, weil sie noch nicht zum Gefecht gekommen waren und weil die anderen schon einen Sieg errungen hatten, die Leute des Generals wieder wollten Rache für die Gefallenen am Kanawha. Denn das hatten sie beim Aufräumen des Kampffeldes doch gemerkt, daß ihre eigenen Verluste weit schwerer gewesen waren als die der Roten.

Aber hatte Girty nicht recht? Ein toter Cornstalk war ohne Nutzen. Wie lange würde es noch dauern, daß diese Kolonisten noch treu an England hingen? In wenigen Jahren schon konnte der Aufstand losbrechen, dann war ein Bündnis mit Cornstalk, auf den alle Indianer von den Lenape bis zu den Miamis hörten, nicht zu verachten. Und wenn man ihnen dann gute Gewehre schickte, gutes Pulver – und nicht diese Schundware, mit denen sie jetzt von den Händlern betrogen wurden – dann sollten sich diese Kolonisten vorsehen. Nicht immer würde im richtigen Augenblick ein Medizinmann fallen ...

Der Graf erhob sich: er war entschlossen. Ja, er wollte

Cornstalk einen ehrlichen Frieden geben. Er brauchte den Häuptling, und wenn er ihn jetzt schonte, so war ihm seine Dankbarkeit sicher.
Und diesen Simon Girty, der der Bruder eines einflußreichen Shawanohäuptlings war und selbst eine erste Geige bei den Oneida spielte, den mußte er sich auch warm halten. Der liebte die Virginier nicht, das hatte er wohl gemerkt. Der war der richtige Vermittler zwischen ihm und Cornstalk und der ganzen Indianerschaft – – –
Drei Tage später stand Girty wieder vor dem Gouverneur, er brachte die Nachricht, daß Cornstalk bereit sei, auf Friedensverhandlungen einzugehen. Und was der Waldläufer an Einzelheiten berichtete, bestimmte den Grafen, nicht länger zu zaudern.
Cornstalk – so hatte der Händler erzählt – hatte die Ankunft des weißen Boten benutzt, um eine große Versammlung aller kriegsfähigen Männer einzuberufen. Erst hatte der Händler gesprochen, und obwohl seine Worte mit Beifall aufgenommen worden waren, hatte er bemerkt, daß die Friedenssehnsucht der Shawanos bei weitem nicht mehr so groß war wie noch vor acht Tagen. Der gefallene Medizinmann hatte einen Nachfolger gefunden, und der tat alles, was in seiner Macht stand, den Roten klarzumachen, daß das prophezeite Unheil schon eingetroffen sei: und dieses Unheil sei die verlorene Schlacht am Kanawha. Das Unglück liege also schon hinter ihnen, und jetzt komme wieder die Zeit der Erfolge.
In diesem Sinne hatte er auch gleich nach der Botschaft Girtys zu den Indianern gesprochen, und die Shawanos hatten ihm dröhnend Beifall gerufen.
Dann war Cata-he-cassa aufgestanden und hatte in begeisterten Worten die Schlacht am Kanawha geschildert, den Teilnehmern ihre einzelnen Erfolge ins Gedächtnis zurückgerufen, die Heldentaten einzelner ausführlich erzählt, und die Kriegslust der Indianer war auf den Siedepunkt gestiegen, als er ihnen schilderte – was sie während der Schlacht

ja nicht hatten beobachten können –, wie Cornstalk die Angriffe geleitet hatte.
Girty meinte, Cornstalk hätte nur noch nötig gehabt, den Kriegsgesang anzustimmen, und sie wären ihm alle gefolgt. Denn auch Blutjacket, unberechenbar wie immer, hatte wieder für den Krieg gesprochen.
Da aber war Cornstalk aufgestanden, den ganzen Körper schwarz mit Asche bemalt, ein Wolfsfell um die Hüften, und seine Rede hatte die Shawanos mit Entsetzen erfüllt.
Er hatte ihnen, die schon wieder von einem vollständigen Siege über die Weißen träumten, in einer bitteren und langen Rede erklärt, daß ein Sieg unmöglich sei. »Wir können nur noch sterben. Wir wollen die Frauen und Kinder und die alten Leute töten, und dann auch selbst den Tod suchen – im Kampf mit den Feinden unseres Volkes.«
Die Shawanos waren vor Entsetzen verstummt, aber Cornstalk war unerbittlich gewesen, und als seine Forderungen nicht angenommen wurden, hatte er seine Kriegskeule erhoben und in großem Schwung in den Scioto geschleudert. »Für immer und alle Zeiten begräbt Cornstalk den Krieg. Cornstalk selbst wird gehen und um Frieden bitten.«
Und dabei war es geblieben. Die Hoffnung auf Sieg hatte er ihnen genommen, in den Tod wollten sie nicht gehen, so blieb nur Frieden.
»Und Cornstalk«, so beendete Simon Girty seine Erzählung, »fragte durch mich nach der Stunde der Friedensverhandlungen.«

*

Zehn Tage später. Der Graf saß in seinem Stuhl auf dem freien Platz vor der Hütte, um ihn seine Offiziere und die Offiziere der Virginier. Der Platz war erfüllt von lärmendem Leben, und Dunmore lächelte in sich hinein.
In wenigen Minuten würden Cornstalk, Cata-he-cassa und Bukongahelas zum letztenmal vor ihm erscheinen, um ihr Totemzeichen unter den Friedensvertrag zu setzen. Es hatte

Arbeit gekostet. Erst hatten die Virginier offen gemeutert, als sie von seinen Friedensabsichten erfahren hatten; sie waren in hellen Haufen tobend und schreiend vor der Hütte erschienen, um gegen die ihnen unverständliche Schwäche des Grafen zu protestieren, und sie hatten lärmend, ja sogar drohend verlangt, daß das Friedensangebot an die Indianer zurückgenommen würde.

Aber sie, die sich von ihren eigenen Führern nur dann etwas sagen ließen, wenn es ihnen gerade paßte, waren vor dem kühlen englischen Aristokraten zurückgewichen, die Menge war sehr schnell still geworden, und als er sie mit schneidender Kälte fragte, ob sie zu meutern gedächten, waren sie zähneknirschend zurückgewichen. Er hatte ihnen im übrigen auf ihre Fragen keine Antwort erteilt, am anderen Morgen aber dem alten Cornstalk eine halbe Kompagnie Soldaten entgegengeschickt.

Und die Virginier, leicht entflammbar, leicht auch zu begeistern, ließen den Grafen hochleben. Sein Verhalten hatte Eindruck auf die rauhen Männer gemacht, die zwar eigensinnig, rücksichtslos und derb, aber in der Hauptsache doch ehrliche und gerade Leute waren, die an Mut und Willenskraft immer ihre Freude hatten.

Schwierig war es mit Cornstalk gewesen. Der alte Graukopf kam nicht, um zu bitten, er verschmähte die blumenreichen Redensarten, die man sonst an indianischen Unterhändlern gewöhnt war, er hatte den angebotenen Stuhl abgelehnt und sich auf die Erde niedergelassen, er hatte sogar die Annahme von Branntwein verweigert – er hatte in seinen Büffelmantel gehüllt dagekauert und gefordert.

Dem Grafen war schließlich die Geduld ausgegangen, er war aufgesprungen und hatte erregte Worte gesagt. Aber Cornstalk hatte seiner zornigen Rede kühl gelauscht und sich, als der Graf geendet hatte, gelassen an Simon Girty gewandt und ihn gebeten, ihm die Worte des »weißen Mannes« zu übersetzen. Und dies, obwohl er bei der bisherigen Verhandlung fließend Englisch gesprochen hatte.

Ja, er hatte ihm auch das Prädikat »weißen Vater« vorenthalten, mit dem alle Indianer ihn bisher bezeichnet hatten, und ihn ganz einfach und simpel stets »weißer Mann« genannt.
Aber nun war es doch soweit, nun wollte er unterzeichnen. Dort kam er schon mit etwa acht Begleitern, unter ihnen die beiden Häuptlinge, aus dem Indianerlager herüber, das in den letzten Tagen dort hinten unter den drei riesigen Platanen aus dem Boden gewachsen war.
In einigem Abstand folgte ihnen eine Schar Shawanos, die dem Friedensschluß als Zeugen beiwohnen sollten; es waren etwa achtzig Krieger. Aber sie blieben weiter hinten am Rande des Platzes stehen.
Hatte der Graf die Indianer auch geschont, so waren die Bedingungen doch hart genug: das ganze Gebiet südlich des Ohio, das Land des grünen Rohrs, Kentucky, »Die finsteren und blutigen Gründe« —: ihr Jagdland mußten die Indianer, mußte Cornstalk, mußten die Shawanos aufgeben; auf das Land, um das sie mit den Tschirokis und den Kriis viele und blutige Kriege geführt hatten, auf das sonnige, warme und fruchtbare, das wild- und waldreiche Kentucky mußten sie verzichten. Aller Trotz, alle Verzweiflung hatten nicht geholfen. Der Graf begriff, daß den drei Häuptlingen dieser Gang vor seinen Stuhl schwer wurde; ihren verschlossenen, fast gleichgültigen Gesichtern sah man nicht an, welche Gedanken die Nahenden im Kopfe wälzten.
Trompetensignal, es wurde still auf dem Platz. Zwei Kompagnien marschierten auf. Gleichzeitig mit ihnen waren auch die Häuptlinge eingetroffen. Sie schritten steif auf den Gouverneur zu, ohne nach links oder rechts zu blicken, grüßten und ließen sich vor ihm auf die Erde nieder.
Schweigen. Dann begann der Graf zu sprechen; er begrüßte die Häuptlinge, sprach seine Befriedigung darüber aus, daß die Verhandlungen zu einem guten Ende gekommen seien, erklärte, er hoffe, daß nun dem nutzlosen Blutvergießen

ein für allemal ein Ende bereitet sei, warnte vor einem Bruch des Friedens, den er mit allen Mitteln zu bestrafen gedenke.

Dann erhob er seine Stimme, daß sie über den ganzen Platz schallte, und die Virginier, die Offiziere und die zuschauenden englischen Soldaten, die bisher leise Bemerkungen miteinander getauscht hatten, verstummten. Lord Dunmore sagte, er habe den Häuptling John Logan, den die Indianer Ta-ga-ju-tah nennen, unter denen vermißt, die um Frieden bäten. Wiederholt habe er Boten an ihn gesandt, sie seien nicht einmal vorgelassen, geschweige denn angehört worden. Der Lord habe mit strenger Bestrafung gedroht, Logan aber habe sich nicht aus seiner Hütte gerührt. Heute endlich habe ihm ein weißer Jäger namens Gibson, ein früherer Freund Logans, diesen Brief gebracht.

Dunmore hob einen Bogen schmutziges Papier in die Höhe, die Weißen drängten näher heran, auch Cata-he-cassa und Bukongahelas erhoben den Kopf, nur Cornstalk verharrte regungslos, den Blick zur Erde gewandt. Der Graf entfaltete das Schreiben und sagte:

»Der Häuptling der Cayuga hat dem Waldläufer, der ihn in meinem Namen aufgesucht hat, folgendes erklärt:

»Ich fordere jeden weißen Mann auf vorzutreten, der jemals Logans Hütte hungrig betrat und dem Logan nichts zu essen gegeben hat; der jemals frierend und nackt kam und den Logan nicht kleidete. Während Eures letzten langen blutigen Krieges mit Pontiac blieb Logan untätig in seiner Hütte und warb für den Frieden. So groß war meine Liebe zu Weißen, daß meine Stammesgenossen mit den Fingern auf mich zeigten, wenn ich vorbeiging, und sagten: ‚Logan ist der Freund unserer Feinde.‘ Ich hatte geglaubt, bis zu meinem Tode in Frieden mit Euch leben zu können, aber die Grausamkeit eines Menschen verhinderte das. Auf Oberst Cresaps Befehl ermorderte jener im letzten Frühling kalten Blutes und ohne jede Ursache alle Verwandten Logans, er verschonte nicht einmal Weiber und Kinder. Es rollt kein Tropfen meines Blutes in den Adern irgendeines lebenden Wesens. Das rief mich zur Rache auf. Ich habe sie gesucht, ich habe viele getötet, ich habe meinen Rachedurst voll gestillt. Meines Landes wegen freue ich mich der Früchte des Friedens. Aber komme keiner auf den Gedanken, daß die Freude Furcht sei. Logan hat niemals Furcht gekannt, er wird von seinem Wege nicht abweichen, nur um sein Leben zu retten. Warum denn auch? Wer ist denn noch am Leben, der um Logan trauern würde? Kein einziger Mensch.«*

Dunmore hatte mit feierlicher, lauter Stimme gelesen: am Schuß klagen seine Worte, als sei er tief bewegt, und als er geendet hatte, herrschte Totenstille.

Daniel Boon, der alte Lederstrumpf, stand in finsterem Brüten auf seine Büchse gelehnt und schüttelte langsam den Kopf; doch nicht nur ihn hatten die Worte des beleidigten Häuptlings, der ungeheure Schmerz wie der edle Stolz, der aus ihnen sprach, im Innersten gepackt. Auch manchen anderen unter den Virginiern, unter diesen Scharfschützen, Fallenstellern, Büffelschlächtern ging es wie eine Ahnung davon durch das Herz, daß hier nicht ein einzelner Indianer seine Klage hinausrief, sondern daß es die ganze indianische Rasse war, das betrogene, zu Boden getretene, mitten im eigenen Lande bedrohte rote Volk in seiner Gesamtheit, das mit den Worten Logans Anklage erhob —.

Aber es blieb nicht lange still! Aus einem Haufen abgerissener, zerlumpt aussehender Grenzer, die an der rechten Seite des Platzes drüben am Waldrand standen, klang plötzlich in das tiefe, betroffene Schweigen hinein ein brutales, gellendes Gelächter, von einem einzelnen Menschen ausgestoßen. Es schallte krächzend und heiser, und es hörte

* Das Vorstehende ist eine wörtliche Übersetzung des Logan-Briefes; seine Verlesung durch Dunmore bei den Friedensverhandlungen ist historisch

sich an, als wolle sich mit diesem Lachen dort drüben ein Mensch von Angst, Wut, Haß und Reue befreien, es klang höhnisch und bedrückt – und die Männer auf dem Platz überlief ein Grausen. Gar mancher von ihnen wußte, wovon sich der Lachende dort drüben am Waldrand befreien wollte, gar mancher wußte, was ihn drückte.
Lord Dunmore sah unwillig, ja empört zu dem Mann hinüber; es war eine lange, mächtige Gestalt mit riesigem Brustkasten, zwei Armen wie Dreschflegeln und einem ungeheuren, struppigen, schwarzen Haarschopf. Er sah bleich aus, offenbar war er erst kürzlich verwundet worden, denn er trug einen dicken, schmutzigweißen Verband um den Hals.
Auch die anderen Weißen hatten sich alle nach dem langen Kerl umgesehen; fast schien es, als sei ihm das unangenehm, denn sein Lachen verstummte. Nur die Indianer vor Lord Dunmore hatten sich nicht gerührt, nicht einmal den Kopf gewandt. Sie waren bei der Verlesung der Worte Logans immer mehr in sich zusammengesunken, die drei Häuptlinge wie die paar Zeugen, die hinter ihnen saßen.
Sie sahen nicht – und auch keiner von den Weißen –, wie sich aus der Schar ihrer Stammesbrüder, die drüben am Rande des Platzes nicht weit von dem Lachenden standen, eine schmächtige, kleine Gestalt, auf ganz unindianische Weise spielerisch aufgeputzt, behutsam davonschlich, in den Wald hineinsprang und dann hinter den ersten Stämmen auf den Platz zueilte, von dem soeben das Lachen aufgestiegen war. Sie hatten auch nicht sehen können, wie entsetzt der kleine Indianer zusammengefahren war, als er nach dem Lachenden Ausschau gehalten hatte. Er kannte ihn, Ten-squa-ta-wa kannte diesen Mann – niemals würde er das Gesicht vergessen ... Es war einmal ein Scharf- und Preisschießen auf Frauen und Kinder abgehalten worden ... vor der Hütte eines Schankwirts ... an einem breiten Fluß ... Damals hatte er zugesehen, damals war er schreiend davongelaufen, und sein Bruder hatte ihn oft

genug deshalb beschimpft ... Heute wollte er nicht davonlaufen ... nein, heute nicht ... Fieberhaft glühten seine Augen, fieberhaft schlug sein Herz, als er sich jetzt durch den Wald schlich ... Heute, heute, wollte er Rache nehmen ... für den Mord an Ta-ga-ju-tahs kleinem Sohn ... und Rache dafür, daß er sich von Tecumseh hatte beschimpfen lassen müssen ...

Der Lord fuhr indessen fort:

»Es ist noch ein zweiter Bote Logans an uns da. Ich hoffe, der Häuptling des Cayuga läßt uns durch ihn mitteilen, daß er Frieden halten will. Denn wenn er den Frieden nicht verspricht, werde ich ihn verfolgen bis an die Grenze des Eislandes. Doch wenn er Frieden will und Frieden gelobt, will ich seinem Worte glauben ohne Unterschrift. Wo ist der junge Krieger der Shawanos?«

Hinter den drei Häuptlingen erhob sich aus der Zahl der Zeugen Tecumseh und trat vor den Grafen. Daniel Boon, der neben Dunmore stand, riß die Augen auf: war das nicht der junge Kerl, der damals in Kentucky nach der Erzählung Friedrich Wagners seine beiden Gefährten erschlagen hatte? Wagner hatte ihn damals Tecumseh genannt, den Namen hatte er sich gemerkt. Und von Tecumseh ging das Gerücht, er sei der Rote gewesen, der mit Logan zusammen die Mordgesellen des Schankwirts Greathouse zusammengehauen hatte ... und an dem blutigen Pfeil, der über den Leichen auf dem Büffelpfad am Blauen Fluß gehangen hatte, hatten einige, die sich bei den Shawanos auskannten, erkennen wollen, er sei auch der Töter dieser Schar gewesen, denn Tecumseh habe noch den Beinamen »der Fliegende Pfeil«. Friedrich Wagner hatte nie abgestritten, daß Tecumseh damals die Schar verfolgt hatte ... Daniel Boon schüttelte den Kopf. Wieder stand Tecumseh vor seiner Büchse, und wieder war es nicht möglich, Rache zu nehmen. »Der junge steht unter Friedensschutz«, murmelte er vor sich hin, »und ich bin froh darüber. Es ist genug Blut geflossen ...«

Der alte Waldläufer, der kein Weichling war, war gerecht und auch klug genug zu wissen, daß der junge Shawano zu seinen Taten allen Grund gehabt hatte, und er war Mann genug, um die todverachtende Kühnheit des Indianers innerlich sogar zu bewundern.
Tecumseh sah den Lederstrumpf mit einem düsteren Blick an, auch er hatte ihn erkannt. Aber keine Bewegung verriet, was er dachte, als er so plötzlich wieder dem Manne gegenüberstand, der das geheimnisvolle, wildreiche, fruchtbare Kentucky für die Weißen entdeckt hatte und der durch diesen Frieden das Recht erhalten sollte, dorthin zu ziehen. Keine Miene in seinem Gesicht deutete die Trauer an, die er beim Gedanken an die verlorene Wald- und Wildheimat seiner Jugend empfand, die dieser Mann nun in Besitz nehmen würde.
Tecumseh trat vor den Grafen und sagte:
»Der Häuptling Ta-ga-ju-tah vom Volke der Konoschioni spricht durch den Mund dessen, den er liebte, da er noch lebte:
Ta-ga-ju-tah ist tot, seine Seele ist gestorben, wenn auch sein Körper noch lebt. Die Weißen haben gemordet die, die er liebte, und Ta-ga-ju-tah hat Rache genommen. Aber die Taten der Rache haben die Seele Ta-ga-ju-tahs gemordet, und sie ist zerronnen, wie der Schnee vergeht in der Hitze der Frühlingssonne.
Niemals wieder wird Ta-ga-ju-tah eine Waffe erheben, weder gegen einen roten Mann noch gegen ein Tier, noch gegen die weißen Leute, die schlimmer sind als die Tiere.
Dies ist sein letztes Wort an die weißen Leute, da sie so große Furcht vor Ta-ga-ju-tah haben: Ta-ga-ju-tah wird Frieden halten, lasset ihn also in Frieden sterben!«
Wieder war tiefe Stille nach diesen mit dunkelgewaltiger Stimme gesprochenen Worten. Tecumseh hatte die englische Sprache benutzt, die Weißen hatten Wort für Wort verstanden.
Da erscholl noch einmal das gellende, brutale Hohngeläch-

ter vom Walde her, es stieg krächzend zu kreischender Höhe hinan, plötzlich aber hörte man einen dumpfen Schlag, das Lachen brach ab, und dann schallte ein brüllender Schrei über den totenstillen Platz, ein tierisches Schreien, das in ein schauerliches, langgezogenes, hohes Gewinsel überging und dann plötzlich abbrach ... Getümmel, Aufregung, ein Schuß, noch einer, eine fliehende Gestalt hetzt in den Wald hinein, ein paar Grenzer eilen ihr nach, plötzlich prasselndes Gewehrfeuer, dann aber übertönte Lord Dunmores Stimme den Tumult:
»Wilkins, umstellt die Roten hier, daß keiner sich von der Stelle rührt. General Lewis, Ihr haftet mir für das Leben der großen Schar dort hinten.«
Kommandorufe, Klappern von Kolben, Knarren von Leder, die eine Kompagnie der Engländer formierte sich im Eilschritt um Cornstalk und seine Begleiter, die zweite umschloß den übrigen Haufen, der Miene machte, sich zur Wehr zu setzen. Aber schon war Daniel Boon bei ihnen, auch Simon Girty, ein paar Worte, und die Indianer verharrten still, wenn auch erregten Gesichts auf ihrem Platz. Da brachten schon die Virginier einen toten Mann heran und legten den Körper vor Lord Dunmore nieder. Sie schrien und lärmten und verlangten Bestrafung der Indianer, mit einem Schlage war der tödliche Haß gegen alles, was rot war, wieder in diesen Gesichtern. Der Graf aber sah auf das schrecklich verstümmelte Haupt des Getöteten hernieder, dem durch eine Kriegskeule der Hinterkopf vollständig zerschmettert worden war. Das Gesicht hingegen war unverletzt.
Der Graf erkannte den Lacher von vorhin wieder, seinen Namen wußte er nicht. Immer mehr erfüllte ihn ein ohnmächtiger Grimm: hier hatte er kurz vor dem Abschluß eines Friedensvertrages gestanden, und jetzt waren alle seine Absichten, war sein ganzes Werk durch diesen Mord zerstört, mit blinder Hand in Trümmer gehauen.
Denn jetzt darfte er nicht mehr wagen, den Virginiern von

Frieden zu sprechen. Er kannte die Grenzer: jetzt würden sie Krieg bis aufs Messer verlangen, und schwer genug würde es sein, den freien Abzug der Indianer vom Verhandlungsplatze durchzusetzen. Die Grenzer, das wußte er, würden jetzt verlangen, daß er Cornstalk und alle seine Begleiter einfach niederknallen ließ ... Der Lord kannte seine Leute.

Gut, daß die Soldaten da waren. Dunmore war nicht gesonnen, sich zum Wortbruch zwingen zu lassen. Friedensboten waren unverletzlich, selbst wenn es Indianer waren ... und besonders, wenn das Wort eines englischen Lords sie schützte.

Er wandte sich um:

»Wer hat das getan?« fragte er einen der tobenden Virginier.

»Ein Roter, wer sonst?!« brüllten zwanzig Stimmen zur Antwort.

»Wo ist er?«

»Wo ist er? Schöne Frage! Im Walde! Verschwunden – geflohen, ausgerissen wie Schafleder ...«

»Sind Leute hinter ihm her?«

»Jawohl, hundert Mann fast ...«

»Sie werden ihn fassen ...«

»Ob sie ihn fassen oder nicht – da hat man's wieder einmal: warum schont Ihr die Roten? Schießt die Bande zusammen, dann kann das nicht mehr vorkommen. Haben wir's nicht gleich gesagt: Vertragstreue bei Indianern! Wer hat schon mal was von einem ehrlichen Indianer gehört! Hier wird über Frieden verhandelt, und dort, keine hundert Schritt entfernt, schlagen sie unsere Leute zusammen.«

Das Gebrüll wurde immer stärker, der Lord stand regungslos, die Soldaten standen in Reih und Glied um die Häuptlinge herum, die Offiziere standen an ihrer Stelle vor den Kompagnien und sahen nach dem Grafen, die Truppen waren eine ruhige Insel in dem aufgerecht tobenden Meer

der Grenzer. Endlich raffte Dunmore sich auf: »Die Kommandanten zum Kriegsrat«, rief er in die Menge und schritt auf sein Blockhaus zu. Beifallsgeschrei folgte ihm, wie ein Lauffeuer ging sein Wort durch die Menge, schon folgten ihm die oberen Führer in seine Hütte.
Auf dem Platz aber gingen die Wellen der Erregung hoch und höher, doch in eiserner Ruhe standen die Soldaten Gewehr bei Fuß um die Indianer.
Die Beratung dauerte nicht lange, schon kam der Graf an der Spitze der übrigen wieder aus der Hütte heraus, mit einem Schlag war Stille. Was hatten sie beschlossen?
Dunmore ging auf die Soldaten zu, das Gefolge hinter ihm. Die Soldaten machten Platz und ließen den Grafen zu den Häuptlingen hinein. Erstaunlich: die Roten saßen ganz wie vorhin in zwei Gruppen auf der Erde, sie schienen sich gar nicht vom Platz gerührt zu haben, nur hatten sie alle ihre Mäntel aus Hirsch- und Büffelfell über den Kopf gezogen und saßen zusammengekauert da, als erwarteten sie stoisch ihr Schicksal. Auch Tecumseh hatte sich wieder hinter den drei Häuptlingen niedergelassen, die jetzt beim Herannahen des Gouverneurs den Kopf erhoben, im übrigen aber sitzenblieben.
Da sie keine Anstalten machten, sich zu erheben, ließ sich Dunmore seinen Stuhl bringen, um vor ihnen nicht stehen zu müssen. Der Graf rang ein wenig noch Fassung: diesen Trotz hatte er nicht erwartet. Er hatte, während im Kriegsrat die meisten Kommandanten sofortigen Abbruch der Verhandlungen gefordert hatten, sich zu einem letzten Versuch entschlossen, den Frieden doch noch zu retten: er wollte Bestrafung des Mörders durch die Shawanos selbst verlangen.
Nach einer Weile tiefen Schweigens auf beiden Seiten begann Dunmore:
»Ein Mann wurde ermordet.«
Cornstalk entgegnete unbewegt:
»So hörte auch ich.«

»Der Mörder gehört zu deinem Stamm.«
»Hat der weiße Mann ihn gesehen?« fragte trocken der Häuptling.
Der Graf fuhr auf: »Willst du etwa behaupten –?«
»Der Häuptling der Shawanos sagt nur, was seine Augen gesehen haben. Seine Augen haben nichts gesehen. Hat der weiße Mann gesehen?«
Der Graf verlor die Fassung, er schrie den Indianer an:
»Ich habe es nicht gesehen, aber hundert weiße Männer haben es gesehen und . . .«
Wieder unterbrach der Shawano, seine Augen blickten kühl und grau:
»Hundert weiße Männer sagen tausend weiße Lügen. Sie sollen das Aussehen des Mörders beschreiben. Wenn es ein Shawano ist, so stoße ich ihn aus meinem Volke aus, denn er ist eine Schande für alles Volk, da er den Frieden gebrochen hat.
Cornstalk hat gesagt, daß die Waffen ruhen, solange der weiße Mann mit ihm über den Frieden spricht. Cornstalk hält sein Wort, er hat nur eine Zunge und nicht tausend Zungen wie die Blaßgesichter. Und der Sachem der Shawanos wird nicht dulden, daß von einem Krieger seines Volkes gebrochen wird der Friede, den er versprach. Aber Cornstalk ist alt, und er hat schon viele Lügen gehört. Wo ist der Tote?«
Dunmore hatte sich gefaßt. Hatte nicht Cornstalk vorhin Bestrafung des Mörders zugesagt, wenn er ein Shawano war? Vielleicht gab es doch noch einen Ausweg, vielleicht war der Frieden doch noch zu halten? Schließlich: hatte Cornstalk nicht recht? War er nicht schon oft genug von weißen Leuten betrogen worden? Dunmore mußte Frieden haben – in zwanzig Tagen konnten die Miamis da sein mit dreitausend Mann, Cornstalk wußte offenbar noch nichts davon, der Lord hatte ihm falsche Boten geschickt, die dem Häuptling etwas von völligen Niederlagen der Miamis vorgefaselt hatten – und Cornstalk in seinem Pes-

simismus hatte es geglaubt. Aber jeden Tag konnte das Kartenhaus zusammenfallen, jeden Tag konnte ein echter Bote an Cornstalk kommen – heute, heute brauchte er den Friedensschluß. Morgen schon konnte es zu spät sein.
Übrigens war es dem Grafen völlig unerklärlich, warum Mitschikinikwa, der Miamihäuptling, noch keine Nachricht von seinen Siegen an die Shawanos gesandt hatte. Er konnte nicht wissen, daß der Miami vor Wut kochte, weil er wortbrüchig hatte werden müssen, weil er sein Versprechen, mit dreitausend Kriegern zu den Shawanos zu stoßen, nicht hatte einhalten können. Wohl hatte er Cornstalk von dem Angriff der Winnebagor verständigt, dann aber hatte er keine weitere Botschaft mehr gesandt. Nun aber wollte er nach dem Siege über den von den Engländern aufgehetzten Stamm der Sioux wie Donner und Blitz in den Krieg eingreifen und seinem Freunde zu Hilfe kommen. Sein Bote sollte drei Tage vor ihm eintreffen – er wußte ja nichts von den Friedensverhandlungen, denn Cornstalk wieder war viel zu stolz, einen Bundesgenossen, der sein Wort nicht gehalten hatte und nun nichts von sich hören ließ, um Hilfe anzugehen.
So hing alles an einem Faden. Der Graf kannte die Zusammenhänge nicht, er kannte nicht den unbändigen trotzigen Stolz, der alle diese indianischen Fürsten beseelte. Solch einen Stolz hätte er höchstens einem Engländer zugetraut. Dunmore wußte nichts, aber er ahnte – – und darum mußte er jetzt Cornstalk entgegenkommen. Er führte ihn zu dem Toten, der unter einer schmutzigen Wolldecke im Grase lag. Die Virginier überschütteten den Shawano mit Verwünschungen und Schmähungen, aber er ging gelassen an den drehend gereckten Fäusten vorbei, als seien es Blumen, die sich im Winde schaukelten.
Cornstalk hatte den Toten kaum erblickt, als er sich umwandte und Tecumseh heranrief. Der trat herzu, ein wenig verwundert, sah den Erschlagenen an und beugte sich erschrocken und ungläubig vor. Er betrachtete ihn genau

und eingehend. Dann richtete er sich auf und stand steif und gerade wie ein Pfahl, den Blick zu den Wolken am Horizont erhoben. Er fühlte, wie sich die Erde um ihn drehte. Das war doch ... das war doch ... gar nicht möglich ... Er hatte ihn doch selbst getötet ... damals am Kanawha ... den schwarzen Krieger ... Und hier lag er noch einmal vor ihm ... Wer, wer hatte das getan? ... Wer kannte ihn? ...? Logan war nicht hier ... Wer also kannte ihn? Wer hatte den Frieden gebrochen? ... wer diese große Schande über die Shawanos gebracht? ... Nach einer Weile kam er zu sich, sah sich um, als suche er nach einem, dem man vertrauen konnte, er machte einen Schritt auf Daniel Boon zu, der in der Nähe stand, und sagte fast demütig, mit einem Klang, der in sonderbarem Gegensatz zu seinem bisherigen stolzen Wesen stand:

»Die lange Büchse möge mir sagen, wie der tote Mann heißt.« Boon erwiderte sofort:

»Er heißt Bob Leigton und wurde der Schwarze Bob genannt.«

Dunmore, der verständnislos daneben gestanden hatte, horchte auf. Tecumseh fragte weiter:

»Er hat eine alte Wunde am Hals. Wann hat er sie erhalten?«

»In der großen Schlacht am Kanawha ...«

»Ist er ... ist er der Mann, der den Sohn Logans erschossen hat?«

»Weiß nicht. Er war bei der Tat dabei, und er war ein Freund des Schankwirts.«

Tecumseh verstummte, sein Kopf sank ihm auf die Brust herab, der Lord aber fragte Boon erregt: »Das ist also einer von den Kerlen, die Logans Angehörige ermordeten und die an diesem ganzen Kriege schuld sind?«

Der Lederstrumpf sagte verbissen: »Er ist — er war der letzte, Mylord. Der Junge da, hat alle anderen erschlagen. So hat doch noch die Rache den Schwarzen Bob erreicht, und niemals hat einer sie mehr verdient. Er war ein

Schuft, Mylord. Und der, der ihn erschlug, hat recht getan. Weiß nicht, Mylord, ob ich an seiner Stelle, wenn ich ein Shawano wäre, anders gehandelt hätte.«

Tecumseh stand immer noch an seinem Platz, in seinem Hirn kreisten wilde Gedanken: so war der Schwarze nicht tödlich getroffen worden am Kanawha? Wer aber kannte ihn außer Tecumseh selbst? Noch einmal fragte er sich: Wer hatte den Frieden gebrochen und Schande über die Shawanos gebracht?

Er hob den Kopf und sah Cornstalk an, der trotz seinem scharfen Geiste noch nicht alle Zusammenhänge erraten hatte; dann sagte er ein Wort:

»Ten-squa-ta-wa!«

Cornstalk fragte:

»Er? Dein Bruder?«

»Mein Bruder!« erwiderte Tecumseh mechanisch. Dann sah er sich um und ging durch die Virginier davon, die ihm unwillkürlich Platz machten. Der junge Indianer ging zu der größeren Schar von Shawanos und Lenape, die am anderen Ende des Platzes immer noch von den Soldaten eingeschlossen waren. Als die ihm keinen Platz machen wollten, rief er in der Sprache seines Stammes über die Köpfe der Soldaten hinweg nach Kish-Kalwa. Der bestätigte ihm, was er schon wußte: Ten-squa-ta-wa, sein Bruder, hatte die Schar vor einer halben Stunde unbemerkt verlassen und war seitdem nicht wiedergekehrt. Tecumseh ging zu Cornstalk zurück, meldete ihm, was er erfahren hatte, und der Häuptling bat den Lord um die Möglichkeit einer Beratung mit Cata-he-cassa und Bukongahelas. Dem Grafen fiel die tiefe Niedergeschlagenheit Cornstalks und Tecumsehs auf, und er gewährte die Bitte. Als die beiden in den Kreis der Soldaten zurückkehren wollten, in dem die übrigen unbewegt wie vorher saßen, kam ein junger Indianer, von zwei Soldaten geleitet, durch die Menge der Virginier geschritten, die den Platz füllten und deren tobende Entrüstung allmählich einer

stummen Neugier gewichen war. Hoffnungsvoll blickte Cornstalk auf: kam der Friedensbrecher von selbst, sich dem Gerichte zu stellen? Aber sofort trübte sich sein Blick wieder: es war Kish-Kalwa, der auf seine dringenden, verzweifelten Bitten hin von den Soldaten durchgelassen worden war und nun auf Tecumseh zueilte, ihn bei der Hand faßte und zusammen mit ihm Cornstalk folgte.
Kish-Kalwa war tief erschüttert. Der Friedensbruch Ten-squa-ta-was, eine für indianische Begriffe feige Tat, die sofortige Sühne forderte – denn Teilnehmer an Friedensverhandlungen waren noch heiliger als Gäste des Hauses! – dieser Friedensbruch fiel auf die Familie des Täters zurück. Und da der Vater Tecumsehs und Ten-squa-ta-was am Kanawha gefallen war, hatte jetzt Tecumseh die Sühne auf sich zu nehmen – Tecumseh, der die Hoffnung Cornstalks und aller Shawanos war, die Menschenkenntnis hatten.
Kish-Kalwa war entschlossen, ihm zur Seite zu bleiben, was auch kommen würde. Und er ahnte, was kam.
Dunmore, Daniel Boon und die anderen machten merkwürdige Gesichter: was ging da vor? Die tiefe Niedergeschlagenheit der Indianer, die in keinem Verhältnis zu ihrem früheren Trotz stand, war so auffällig, daß selbst die weniger Begabten unter den Virginiern den Unterschied merkten und gespannt darauf warteten, was sich nun ereignen würde. Bei den Häuptlingen, die durch die Soldaten verdeckt waren, war es still, und still, sehr still wurde es nun auch auf dem Platz. Die Männer unterhielten sich nur flüsternd, einige luden ihre Gewehre oder prüften mindestens die Ladung, wer kannte sich mit diesen Roten aus, vielleicht machten sie jetzt einen gewaltsamen Ausbruchsversucht?! Die anderen lächelten über diese Vorbereitungen, aber auch sie waren unerträglich erregt, und nun hörte man gar Gesang aus dem Kreise, den die Soldaten einschlossen, einen dumpfen, eintönigen Gesang, der sich wie eine Beschwörung anhörte.

Wieder war Stille, dann machten die Soldaten Platz, und heraus traten Cornstalk und Cata-he-cassa, jeder von ihnen eine lange brennende Pfeife in der Hand. Sie hatten allen Schmuck, alle Kriegstrophäen und auch die Adlerfedern abgelegt, Cornstalk hatte auch die Büffelhörner aus seinem Kopfschmuck entfernt. Zwischen ihnen gingen zwei Gestalten, die sich an der Hand gefaßt hielten und ihren Büffelmantel über den Kopf gezogen hatten. Sie wurden rechts und links von den beiden Häuptlingen an den Händen geführt. Hinter ihnen schritt Bukongahelas und hinter ihm kamen die Unterführer.

Die Schar schritt auf den Gouverneur zu und ließ sich nach einer tiefen Verbeugung vor ihm in der Anordnung, in der sie gekommen war, auf die Erde nieder. Der Graf, von ihrer feierlichen Art und der tiefen Trauer, die sich auf allen Gesichtern der Indianer zeigte, seltsam bewegt, ließ sich einen Stuhl bringen und setzte sich ebenfalls. Hinter ihm standen General Lewis, Daniel Boon und die übrigen Kommandanten. Die Virginier sammelten sich um die Gruppe herum.

Cornstalk rauchte einige Züge, ebenso Cata-he-cassa, dann wechselten die beiden ihre Pfeifen, rauchten noch einmal und gaben sie an Bukongahelas und die übrigen weiter. Als alle Indianer aus beiden Pfeifen geraucht hatten und diese zu den Häuptlingen zurückgekehrt waren, erhob sich Cornstalk langsam. Das gleiche taten Cata-he-cassa und die beiden Vermummten, sie traten einige Schritte vor, und Cornstalk sagte langsam und schwer, aber doch so laut und deutlich, daß alle seine Worte verstehen konnten:

»Unglück ist hereingebrochen und große Schande über das Volk der Shawanos. Ein roter Mann, dessen Name in Zukunft ausgelöscht sei im Gedächtnis seines Stammes, hat den Frieden der Häuptlinge gebrochen. Cornstalk und sein Volk haben ihr Wort verloren. Wer wird in Zukunft den Shawanos glauben, da sie vom Frieden sprachen und den Mord brachten?

Ausgestoßen ist der Mörder aus seinem Volk, vernichtet sei sein Name im Munde seines Vaters und seiner Mutter, denn er ist ein Ehrloser und ein Verräter. Wenn er Ruhe sucht, sei ihm Verfolgung gewährt, wenn er Zuflucht sucht, sei ihm verweigert, wenn er Nahrung sucht, werde sie bitter auf seiner Zunge.«

Der Häuptling schwieg, und als er nach einer langen Pause von neuem begann, klang seine Stimme, die vorher ernst und traurig geklungen hatte, trostlos und klagend:

»Der Tod des weißen Mannes, der ein Mörder und Feigling war und Unglück gebracht hat über die roten Männer und auch über die weißen Männer, muß gesühnt werden, denn er wurde erschlagen, während die Häuptlinge der Shawanos die Friedenspfeife mit dem weißen Manne rauchten.

Die Schande der Shawanos muß gesühnt werden.«

Er faßte mit der rechten die linke Hand des neben ihm stehenden Vermummten und zog ihm den Mantel vom Kopf. Cata-he-cassa tat dasselbe mit dem anderen der beiden: Tecumseh und Kish-Kalwa standen gesenkten Hauptes, nackt bis auf einem schmalen Fellgürtel, zwischen den Häuptlingen. Diese führten die beiden Jünglinge dicht vor den Grafen, und Cornstalk fuhr, mit rauher Stimme zu Dunmore gewandt, fort:

»Diese beiden jungen Leute wollen die Schande ihres Stammes mit ihrem Blute abwaschen. Wir bringen sie dir, sie haben sich erboten zu sterben, damit die Ehre der Shawanos lebe. Befiehl deinen Kriegern, sie zu töten!

Die beiden Häuptlinge kehrten an ihren Platz zurück, kauerten sich nieder, verhüllten ihren Kopf mit dem Mantel. Die beiden Jünglinge standen in der strahlenden Sonne dieses Herbsttages nebeneinander vor dem weißen Mann, auf ihren Gesichtern, die sie dem Boden zugewandt hielten, war eine stoische Entschlossenheit zu lesen, aber auf ihren stolzen und kräftigen Körpern leuchtete der Adel der Jugend.

Lord Dunmore bemühte sich zu begreifen, was die Szene bedeuten sollte. Cornstalk hatte in klarem Englisch gesprochen, an dem Ernst seiner Worte war nicht zu zweifeln, das hatte sein Gesicht deutlich genug gesagt, das zeigte ebenso klar die düstere Trauer, die aus den Augen aller Indianer hinter den beiden Häuptlingen brannte.
Der Graf sah sich um: auf den Gesichtern der Virginier lag teils Erstaunen, teils offenbarer Hohn – und in einigen wenigen malte sich eine ehrliche Ergriffenheit. Aber der Lord sah: kein einziger von diesen Männern zweifelte, daß Cornstalks Worte völlig ernst gemeint waren.
Da übermannte den kühlen Diplomaten ein seltsames Gefühl, das er schon lange nicht mehr gekannt hatte, ein Gefühl, von dem er geglaubt hatte, er habe es überwunden. Und der hochmütige, bedächtige englische Aristokrat sprang auf, ergriff die Hände der beiden immer noch vor ihm stehenden Leute, er zog sie an sich, und mit einer Stimme, in der die mühsam zurückgedämmte Rührung kämpfte, und mit feuchten Augen redete er verlegene, stotternde, abwehrende Worte. Immer wieder schüttelte er ihnen die Hände, ja, alle konnten es sehen, er fuhr sich mit der rechten Hand über die Augen, dann aber trat er zwischen sie, legte einen Arm um jeden von ihnen und führte sie so, beinahe schwankend vor innerer Bewegung, den Häuptlingen wieder zu und sagte:
»Nimm diese Jünglinge zurück, o Sachem der Shawanos! Sie sollen leben zum Ruhm deines Stammes. Euer Vergehen, das die Tat eines Einzigen unter euch war, sei nicht gerächt an dem edelsten Blut deines Volkes. Ein Mörder und Schuft ist erschlagen, hier ist niemand, der seinen Tod beklagt, denn er war ein Abscheu für jeden ehrlichen Mann. Er ist nicht wert, daß diese beiden ihm geopfert werden, und er ist nicht wert, daß seinetwegen wieder Feindschaft zwischen den roten und den weißen Leuten herrscht.
Nimm diese Jünglinge zurück, o Cornstalk! Ausgelöscht ist

das Vergehen eines einzelnen, ausgelöscht ist auch die Schande deines Stammes.
Wir wollen Frieden schließen, Häuptling, und jeder wieder an sein Leben gehen.«

*

Es ist nicht viel mehr zu berichten. Der Friede wurde geschlossen, obwohl viele der Virginier wüteten, aber Dunmore blieb fest. Der Opfermut, die edle Gesinnung der beiden Jünglinge hatten ihn besiegt. Er wollte den Indianern nicht nachstehen. Der Lord schonte die Indianer nach Möglichkeit, er bewilligte ihnen sogar jährliche Hilfsgelder, sie konnten ihre Wohnsitze behalten (für diese Erlaubnis hatte der Graf seine triftigen Gründe), aber Kentucky, »Das Land der finsteren und blutigen Gründe« oder wie es auch noch in der Sprache der Shawanos hieß: »Die Ebene des grünen Rohrs«, mußte Cornstalk aufgeben.

Tecumseh der Erbe

Ich habe noch von dem Ende Ta-ga-ju-tahs und Cornstalks zu berichten.
Logan lebte die nächsten Jahre in völliger Zurückgezogenheit. Das Ende, das die Familie Wagner gefunden hatte, hatte ihm die Kraft genommen, selbst Schluß mit seinem verfehlten Leben zu machen. Sein einst so stolzer Geist brach unter der Last der Selbstvorwürfe völlig zusammen, seinen Körper zerstörte der Branntwein, denn in den Rausch rettete er sich immer öfter vor den schaurigen Bildern, die ihm die Erinnerung immer wieder vorgaukelte.

Nur wenn ein weißer Mann in Gefahr war, wenn ein Weißer von den Roten gefangen worden war und er davon hörte, dann rastete er nicht, bis er ihn durch Überredung, durch Drohungen oder durch Kauf vor dem Marterpfahl gerettet hatte. Und so hat er auch Simon Butler, von dem ich zu Beginn dieser Geschichte erzählte, einmal vor dem sicheren Tode gerettet. Und so hat er manches von dem wieder gutgemacht, was er einst in der Raserei seines Rachedurstes verbrochen hatte.

In einem Streit mit einem Betrunkenen ist Logan schließlich erstochen worden, man weiß nicht, wer der Täter war, und man weiß nicht, wo sein Körper liegt. Und die Amerikaner, die so manchem ihrer großen indianischen Gegner später ein Denkmal gesetzt haben, konnten sich sehr lange nicht entschließen, auch diesem edelsten aller Indianer diese späte Genugtuung zuteil werden zu lassen. Schlug das Gewissen zu stark?

Heute aber steht sein Denkmal in der Millionenstadt Chicago, nicht allzu weit von den Stätten, die seine Wahlheimat gewesen waren, in jener Zeit, als noch die Stille der Wälder um verträumte Waldlichtungen webte und nur der scheue Fuß des Wildes oder das Schwirren einer Bogensehne das glückliche Schweigen unterbrach.

Cornstalk starb, wie er gelebt hatte, als ein Held seines Volkes und als ein Mann, der den Tod verachtete. Hören wir, was eine alte Chronik darüber zu berichten weiß:

»Im Frühjahr dieses Jahres wurde an der Grenze bekannt, daß zahlreiche Stämme einen Bund geschlossen hatten, und daß die Indianer nur noch auf den Hinzutritt und die machtvolle Hilfe der Shawanos warteten, um den Krieg gegen die Weißen zu beginnen. In diesem gefahrdrohenden Zeitpunkt kam Cornstalk, begleitet von Roter Falke, zu einem freundlichen Besuch des Forts Point Pleasant; er berichtete dabei von den Absichten der Stämme und machte keinen Hehl aus seiner Befürchtung, die feindselige Stimmung gegen die Kolonisten könne so stark anwachsen, daß

er trotz allem Widerstand gezwungen werden könnte, an dem Kriege teilzunehmen.
Als der Kommandant der Garnison diese Mitteilung erhalten hatte, die den hochherzigen Geist des edlen Häuptlings auch im Falle einer Feindschaft bewies, nahm er Cornstalk und seinen Begleiter als Geiseln für friedliches Verhalten seines Volkes gefangen – zum Dank für den Vorteil, den der Bericht des Häuptlings ihm gebracht hatte.
Während seiner Gefangenschaft hatte Cornstalk häufig Unterredungen mit den Offizieren, und er fand großen Gefallen daran, ihnen genaue Mitteilungen über den Westen zu machen, der damals noch wenig bekannt war.
Als er eines Nachmittags gerade damit beschäftigt war, auf dem Fußboden eine Landkarte des Missouri-Stromgebietes mit seinen Wasserläufen und Gebirgen zu zeichnen, erscholl plötzlich aus dem Walde ein lauter Ruf. Der Häuptling erkannte die Stimme seines Sohnes Ellinipsico, eines jungen Kriegers, der durch seinen Mut und seine Geschicklichkeit fast so berühmt war wie Cornstalk selbst. Ellinipsico kam in das Fort und umarmte hocherfreut seinen Vater, da ihn seine lange Abwesenheit schon beunruhigt hatte und er dorthin gekommen war, um ihn zu suchen.
Einen Tag nach seiner Ankunft ging ein Soldat der Garnison auf die Jagd in den Wald und wurde dabei von Indianern erschossen. Seine erbitterten Begleiter verlangten sofort als Sühne den Tod Cornstalks und seines Sohnes. Sie beschuldigten Ellinipsico, daß die Angreifer in seiner Begleitung dorthin gekommen seien, obwohl er feierlich erklärt hatte, er sei allein gekommen und zwar mit dem einzigen Wunsch, seinen Vater zu finden.
Als die Soldaten wütend in das Haus eindrangen, in dem die Indianer untergebracht waren, und schon in Hörweite waren, wurde der junge Krieger unruhig und aufgeregt.
Da flößte ihm Cornstalk Mut ein, forderte ihn auf, seinem Schicksal ruhig entgegenzusehen, und er sagte zu ihm:

‚Mein Sohn, der große Geist hat dich hierher gesandt, damit wir zusammen sterben können.‘ Dann trat er den eindringenden Mördern gelassen entgegen und hauchte, mit sieben Kugeln im Körper, ohne eine Klage seinen Geist aus.
Als Cornstalk gefallen war, blieb Ellinipsico (sein zweiter Name war: Zwei Adler) in gleichmütiger Ruhe sitzen, ohne sich vom Platze zu rühren, ja ohne den Kopf zu wenden. Er starb mit völliger Fassung in dieser Haltung, auf dem Boden sitzend. ‚Die anderen Indianer‘, so berichtet ein Augenzeuge, ‚wurden geradezu in Stücke gehauen, mit allen den ausgesuchten Scheußlichkeiten, mit denen die Indianer selbst ihren Rachedurst an ihren Feinden auszulassen pflegen.‘
Dieser gemeine Mord wurde bitter gerächt. Die Shawanos, der weitaus tapferste und kriegerischste Stamm des Westens, wurden von diesem Tage an tödliche, unversöhnliche und erbarmungslose Feinde des weißen Mannes.«
So weit die alte Chronik. Der Name des erbärmlichen Feiglings, der damals Fort Point Pleasant befehligte und nicht wagte, der tobsüchtigen Soldateska und dem verrohten Grenzerpöbel entgegenzutreten und den edlen Sachem der Shawanos zu schützen, der dem Kommandanten eben einen unschätzbaren Dienst durch seine Warnung vor dem drohenden Kriege geleistet hatte, ist uns erhalten, und wir wollen den Namen dieses letzten Verräters an Cornstalk nicht verschweigen: es war ein Kapitän Arbuckle. Er hatte Cornstalk sein Soldatenwort verpfändet, daß sein Leben in seiner, des Kapitäns, Gegenwart nicht gefährdet sei, und er hatte es gebrochen.
Er war zwar der letzte Verräter an Cornstalk, der letzte Verräter an den Indianern war er nicht.

*

Tecumseh war mit einigen seiner Freunde auf einem Jagdzug an den Ufern des riesigen Michigan-Sees, als ihm Kish-

Kalwa die doppelte Trauerbotschaft von dem Tode Logans und Cornstalks brachte.
Der junge Shawano stand, während seine Gefährten in laute Klagen und in Tränen ausbrachen, am Steilhang des Sees und sah lange über die ungeheure Wasserfläche hinweg, die grau und tot unter einem düsteren, wolkenverhangenen Himmel zu seinen Füßen lag. An diesem Tage faßte er den Entschluß, der sein ganzes späteres Leben bestimmen sollte, dem er fortan jeden Gedanken, jede Tat, jeden Tag seines Lebens widmete: Kampf, Kampf gegen die weiße Flut, aber nicht Kampf einzelner Scharen, einzelner Stämme, einzelner kleiner Bünde! Nein: Kampf der ganzen roten Rasse von den kanadischen Seen angefangen bis zum Ohio, Missouri, Mississippi und bis nach Florida hinein, Kampf aller Indianer gegen das Blaßgesicht. Aber nicht den regellosen Kampf ungeübter Horden gegen disziplinierte Soldaten wollte er: an diesem Tage ging ihm die erste Ahnung davon auf, daß, wenn sogar große Häuptlinge wie Cornstalk und Logan unterlegen waren, daß es dann notwendig war, die Kriege besser vorzubereiten, die Kämpfer besser zu schulen . . .
Tecumseh trat von dem Steilufer zurück, gemeinsam mit seinem Gefährten entfachte er ein großes Feuer zum Gedächtnis der beiden so schmählich zu Fall gebrachten Helden. Und während seine Freunde um die glühende Asche des herabgebrannten Feuers kauerten und Totengesänge anstimmten, deren Worte so alt waren, daß die Sänger ihren Sinn kaum noch erfassen konnten, stand »der zum Sprung sich duckende Berglöwe« auf, nahm den Kriegsschmuck aus dem Haar, entfernte allen Zierat von seiner Kleidung und warf das alles in die erlöschenden Flammen. Er wollte nicht eher wieder Schmuck an seinem Körper dulden, als bis die Heimat seines Volkes vor den Weißen gesichert war oder bis man seinen Leib auf das Totengerüst legte.

KANADA
NORDAME
Pazifischer Ozean
N
W
O
S
Golf von